Datenbank-Management

AUERBACH - Managementwissen der Datenverarbeitung

Herausgegeben von James Hannan

Die Autoren dieses Bandes:

Grayce Booth
Honeywell Information Systems, Phoenix AZ

Martin E. Modell
Systems Architect, Merrill Lynch, New York NY

T. William Olle
Consultant, Surrey, England

Bernard K. Plagman
The PLAGMAN Group, New York NY

Myles E. Walsh
Director of Information Systems Planning, CBS, New York NY

Jay-Louise Weldon
Graduate School of Business Administration, New York University, New York NY

J. Chris Wood
Datacrown Incorporated, Arlington VA

John W. Young, Jr.
Systems Engineering, NCR Corporation, Scripps Ranch, San Diego CA

Ein praktischer Führer für das

Datenbank-Management

Herausgegeben von James Hannan

Übersetzt und bearbeitet von
Gerhard Sielhorst und Dirk Hinzmann

Friedr. Vieweg & Sohn   Braunschweig / Wiesbaden

Dieses Buch ist die deutsche Übersetzung von

James Hannan (Ed.)

A Practical guide to data base management
(Auerbach data processing management library; v. 4)

Published in the United States in 1982
By Van Nostrand Reinhold Company Inc., New York, USA

Übersetzt aus dem Amerikanischen und bearbeitet von Gerhard Sielhorst, Dortmund und Dirk Hinzmann, Bochum

Das in diesem Buch enthaltene Programm-Material ist mit keiner Verpflichtung oder Garantie irgendeiner Art verbunden. Der Autor, der Herausgeber und die Übersetzer übernehmen infolgedessen keine Verantwortung und werden keine daraus folgende oder sonstige Haftung übernehmen, die auf irgendeine Art aus der Benutzung dieses Programm-Materials oder Teilen davon entsteht.

Vieweg ist ein Unternehmen der Verlagsgruppe Bertelsmann.

ISBN 978-3-528-08577-3   ISBN 978-3-322-88831-0 (eBook)
DOI 10.1007/978-3-322-88831-0

Vorwort

In seiner relativ kurzen Existenz ist der Computer aus den Hinterzimmern der meisten Unternehmen hervorgekommen, um integrierter Bestandteil des Wirtschaftslebens zu werden. Heute werden zunehmend kompliziertere Datenverarbeitungsanlagen benutzt, um immer komplexere wirtschaftliche Probleme zu lösen. Als eine Konsequenz daraus ist die typische Datenverarbeitungsfunktion so kompliziert und spezialisiert wie das Wirtschaftsunternehmen, dem sie dient.

Eine solche Spezialisierung stellt hohe Anforderungen an Computerfachleute. Sie müssen nicht nur ein spezifisches technisches Wissen vorweisen, sondern sie müssen auch verstehen, ihr spezielles Wissen zur Unterstützung der Firmenziele anzuwenden. Effektivität und Karriere eines Computerfachmanns hängen davon ab, wie geschickt er dieser Herausforderung begegnet.

Um Computerfachleute dabei zu unterstützen, auf diese Herausforderung zu reagieren, hat der Verlag AUERBACH das ‚AUERBACH-Managementwissen der Datenverarbeitung' entwickelt.

Die Serie umfaßt acht Bände, wobei jeder Band das Management einer bestimmten Datenverarbeitungsfunktion anspricht:

Ein praktischer Führer für das Management in der Datenverarbeitung
Ein praktischer Führer für das Management der Computer-
   programmierung
Ein praktischer Führer für das Management der Datenkommunikation
Ein praktischer Führer für das Datenbank-Management
Ein praktischer Führer für das Management der Systementwicklung
Ein praktischer Führer für das Rechenzentrumsmanagement.
Ein praktischer Führer zur Revision in der Datenverarbeitung
Ein praktischer Führer für das Management der dezentralen
   Datenverarbeitung

Jeder Band enthält ausgetestete, praktische Lösungen für häufig anzutreffende Probleme, denen sich Manager aus diesem Tätigkeitsbereich ausgesetzt sehen. Ausgearbeitet wurden diese Lösungen von einer bekannten Gruppe von Datenverarbeitungspraktikern — Fachleute, die ihr

Leben in dem Bereich verbringen, über den sie schreiben. Die konzentriert und knapp gehaltenen Kapitel sind dazu bestimmt, dem Leser zu helfen, die darin enthaltenen Hinweise direkt auf seine Umgebung anzuwenden.

AUERBACH hat seit mehr als 25 Jahren die Informationsbedürfnisse der Computerfachleute zufriedenstellend beantwortet und weiß, wie ihnen geholfen werden kann, ihre Effektivität zu steigern und ihre Karriere voranzutreiben. Das AUERBACH-Managementwissen der Datenverarbeitung ist auf diesem Gebiet nur eines von vielen Angeboten des Herausgebers.

James Hannan
Stellvertretender Vizepräsident
AUERBACH

Inhaltsverzeichnis

Einführung

Immer mehr Unternehmen betrachten ihre elektronisch verarbeiteten Daten als einen Vermögensgegenstand. Dadurch ergeben sich verstärkte Anforderungen an die DV-Abteilungen, die betriebliche Datenverarbeitung effizienter und effektiver zu gestalten. Im Rahmen ihrer Bemühungen, diesen Anforderungen gerecht zu werden, haben sich viele DV-Verantwortliche der Datenbanktechnologie zugewandt.

Datenbanken werden inzwischen seit etwa 20 Jahren eingesetzt. Die Idee, Datenbanken für Informationssysteme einzusetzen, resultierte aus der starken Zunahme der von den Fachabteilungen geforderten DV-Anwendungen. Die Probleme, die der Umgang mit „normalen Dateien" mit sich brachte, ließen die DV-Fachleute nach neuen Konzepten und Lösungswegen suchen. Als besonders problematisch hat sich das Anlegen von getrennten Dateien für verschiedene Anwendungen erwiesen. Für jede Anwendung mußten jeweils separate Dateistrukturen definiert werden. Die Probleme, die bei dieser Vorgehensweise auftreten können, liegen auf der Hand: Datenredundanz, mangelnde Effizienz der Verarbeitung und Speicherung, steigender Aufwand für die Programmwartung sowie mangelnde Konsistenz, Integrität und Zuverlässigkeit der Daten.

Dagegen bringt der Einsatz von Datenbanken unter anderem folgende Vorteile mit sich: Kürzere Verarbeitungszeiten, Datenunabhängigkeit (Datenspeicherungs- und Zugriffsmethoden sind unabhängig von den Anwendungsprogrammen), minimale Datenredundanz (Daten werden nur einmal abgespeichert, dadurch auch gleiche Aktualität für alle Anwender), kürzere Zugriffszeiten und bessere Möglichkeiten für Datenschutz und Datensicherheit.

Es ist allerdings keine leichte Aufgabe, diese Vorteile zu realisieren. Die Einführung eines Datenbankkonzepts erfordert nicht nur bedeutende Investitionen in die Technologie, sondern auch ein Umdenken bezüglich der Informations- bzw. Datenverwaltung. Erfolgt ein solches Umdenken nicht, verliert auch das leistungsfähigste Datenbanksystem an Wert und wird zu einem besseren Zugriffsinstrument degradiert.

Dieser Band der Reihe „AUERBACH-Managementwissen der Datenverarbeitung" soll helfen, Datenbanksysteme zu planen, zu implementieren und zu unterhalten. Ferner werden die technischen Mittel und

Führungstechniken beschrieben, die helfen sollen, ein kosteneffektives Datenbankkonzept zu erreichen und zu erhalten.

Wir haben eine Gruppe von Fachleuten aus dem Datenbankbereich beauftragt, die Erfahrungen aus ihren umfangreichen und verschiedenartigen Tätigkeiten im Umgang mit Datenbanksystemen weiterzugeben. Unsere Autoren haben über ein sorgfältig ausgewähltes Themenspektrum geschrieben und liefern bewährte, praxisnahe Ratschläge, um Datenbanken und ihre Funktionen produktiv zu nutzen.

In Kapitel 1 erörtert Martin E. Modell die Probleme, vor die sich das Management beim Aufbau einer Datenbankumgebung gestellt sieht und schlägt eine Strategie zur sinnvollen Planung und Koordination eines Datenbankprojektes vor.

Ein wichtiger Planungsschritt besteht darin, das gehobene Management davon zu überzeugen, einem Datenbankprojekt die Zustimmung zu erteilen. Zu diesem Zweck muß das Management mit zuverlässigen Informationen versorgt werden, die die besonderen Vorteile, die mit dem Datenbankprojekt erzielt werden können, beschreiben. In Kapitel 2 („Gründe für den Einsatz eines Datenbanksystems") diskutiert John W. Young die Vor- und Nachteile eines Datenbanksystems und liefert eine systematische Argumentationshilfe für die Rechtfertigung eines solchen Systems gegenüber der Unternehmensleitung.

Sowohl Auswahl als auch Installation eines Datenbanksystems erfordern sorgfältige Planung; im Führungs- sowie im technischen Bereich werden sich mit hoher Wahrscheinlichkeit Probleme ergeben. T. William Olle beschreibt und untersucht in Kapitel 3 einige besonders häufig auftretende Probleme aus diesen Bereichen und bietet sinnvolle Ratschläge an, um diese Probleme von vornherein zu umgehen bzw. zu vermeiden.

Die Gestaltung einer Datenbank sowie eines Anwendungssystems in einer Datenbankumgebung sind komplexe Vorgänge, bedingt durch die zahlreichen Faktoren, die im Umgang mit Datenbanken beachtet werden müssen. Der Versuch, die Beziehungen aller Größen zu berücksichtigen, kann den Datenbankfachmann in endlose Analysearbeiten verwickeln. Jay-Louise Weldon beschreibt in Kapitel 4 Methoden zur effizienten Datenbankgestaltung. In Kapitel 5 untersucht Bernhard K. Plagman die Probleme, mit denen Systementwickler in einer Datenbankumgebung konfrontiert werden und beschreibt Wege zu ihrer Lösung.

Die gemeinsame Nutzung von Daten ist eine Schlüsselkomponente —
und einer der Hauptvorteile — eines Datenbanksystems. Leider ist es
häufig schwierig, Anwender dazu zu bringen, „ihre" Daten gemein-
schaftlich zu nutzen. Aus verständlichen Gründen werden Anwender
nur dann mit einer gemeinschaftlichen Nutzung einverstanden sein,
wenn eine akzeptable Zugriffszeit gewährleistet ist und angemessene
Sicherheitsstandards festgelegt sind. J. Chris Wood behandelt in Kapitel
6 („Rekonstruktion von Datensystemen") das Thema Recovery-Mechanismen und beschreibt effektive Methoden. John W. Young rundet
dieses Thema in Kapitel 7 ab und schlägt eine Lösung für das Problem
des konkurrierenden Zugriffs vor — ein Verfahren, das die Wahrscheinlichkeit für einen sogenannten "Dead Lock" minimiert.

Verteilte Datenbanken führen zu weiteren Problemen für die Unternehmensleitung. In einer verteilten Umgebung ist eine umfassende administrative Kontrolle unumgänglich. Die Daten-/Datenbankverwaltung
ist normalerweise für eine zentralisierte Umgebung ausgelegt. Daher
müssen neue Verfahren für die Verwaltung und Steuerung verteilter
Datenbanken entwickelt werden. In Kapitel 8 untersucht Bernhard K.
Plagman alternative Strategien und erarbeitet Richtlinien für die administrative Kontrolle von Datenbanken in einer verteilten Umgebung.

Probleme, die mit der Verwaltung und Steuerung von Daten in einer
verteilten Umgebung verbunden sind, werden dann verstärkt, wenn
Daten auf unterschiedlichen Computersystemen verarbeitet werden
müssen. Grayce Booth beschreibt diese Probleme in Kapitel 9 und
schlägt Lösungswege für eine Programm- und Datenübergabe vor.

Die Aussage „Erfahrung ist der beste Lehrmeister" spiegelt sich beson-
ders gut in Myles E. Walshs Beschreibung einer gelungenen IMS/VS-
Implementierung wider. In Kapitel 10 erläutert er den Hintergrund des
Projektes, den Aufbau der Projektteams, die wichtigsten Ereignisse
während der Projektentwicklung, die Ausbildung der Anwender sowie
Erkenntnisse, die man durch das Projekt gewonnen hat.

1 Datenbanken aus Managementsicht

EINLEITUNG

Wirtschaftliche Tätigkeit benötigt und liefert Informationen. In diesem Sinne kann jede Art wirtschaftlich relevanter Information bereits als "Datenbank" bezeichnet werden. Die Datenbank eines Unternehmens besteht in weitestem Sinne aus allen Informationen – oder Daten – die in irgendeiner Form aufgezeichnet werden.

Es hat sich mehr und mehr die Erkenntnis durchgesetzt, daß Daten zu den wertvollsten Hilfsmitteln eines Unternehmens gehören; tatsächlich würde es für einige Unternehmen gleichbedeutend mit der Aufgabe ihrer Geschäftstätigkeit sein, wenn sie nicht mehr in der Lage wären, auf ihre Datenbestände zurückzugreifen. Diese Unternehmen haben aber auch erkannt, daß ein schneller Zugriff auf aktuelle und exakte Daten bisher nicht gekannte Wachstums- und Erfolgschancen bietet.

Einige Unternehmen befinden sich allerdings in einer zwiespältigen Situation. Sie haben in die technischen Möglichkeiten ihrer Dateiverarbeitung mit der Absicht investiert, diese Technologien für den Aufbau von unternehmensbezogenen Datenbanken einzusetzen. Es gelang ihnen allerdings nicht, im Bereich ihrer DV-Systeme und innerhalb der Organisationsstruktur ihres Unternehmens ein Umdenken durchzusetzen, das für das Einrichten einer Datenbankumgebung unumgänglich ist. Weiterhin mangelte es ihnen an angemessenen Vorstellungen über mögliche Datenbankanwendungen. Andere Parameter für einen erfolgreichen Datenbankeinsatz blieben ebenfalls unbeachtet; schließlich herrschte auch noch Verwirrung über die neue Begriffswelt, mit der man sich im Unternehmen vertraut machen mußte.

Der Einsatz integrierter Dateistrukturen, bei denen verschiedene Anwender auf gemeinsame Datenbestände zugreifen, bedingt eine zentrale Steuerung, die ihrerseits wiederum eine Reihe von Organisationsproblemen verursachen kann. Die Frage, wer "Herr der Daten" ist, stellt eines dieser Probleme dar. Ein Funktionsträger erstellt Daten, ein zweiter aktualisiert sie, ein dritter benutzt die Daten

im Tagesgeschäft und ein vierter legt fest, wann diese Daten nicht
mehr relevant sind. Alle diese Aufgaben können in den einzelnen
Unternehmensbereichen nebeneinander auftreten. Wer soll über den
Datenzugriff entscheiden? Wer soll über Änderungen entscheiden? Wem
"gehören" die Daten wirklich?

In diesem Kapitel werden die organisatorischen Erfordernisse beschrieben, die im Zusammenhang mit der Einrichtung eines Datenbanksystems zu beachten sind. Ferner werden die Gestaltungskriterien
für eine Datenbankumgebung aus Sicht der Unternehmensleitung untersucht und die wesentlichen Kostenfaktoren vorgestellt, die bei
einer Datenbankinstallation zu beachten sind.

DATEN ALS UNTERNEHMENSHILFSMITTEL

Der Wert der Daten ist danach zu beurteilen, in welchem Umfang
darauf zugegriffen werden kann und wie die Daten bestimmte Aktionen
oder Unternehmensentscheidungen unterstützen können. Der Wert der
Daten bemißt sich jedoch auch an der Korrektheit der Daten selbst,
an ihrer Definition und der Akzeptanz, die diese Definition beim
Datenempfänger findet.

Viele Unternehmen haben erkannt, daß Daten oder Informationen bei
der Abwicklung von Geschäftsvorgängen ein wichtiges Hilfsmittel
darstellen und dementsprechend zu behandeln sind. Da herkömmliche
Techniken diese Aufgabe nur teilweise abdecken können, müssen neue
Verfahren angewandt werden.

Was diese Problematik so komplex und schwierig gestaltet, ist die
Tatsache, daß für die meisten Hilfsmittel feste und klar abge-
grenzte Aufgabenbereiche existieren. Informationen und Daten
durchdringen jedoch das ganze Unternehmen; sie sind in der Regel
ungenau definiert, abgegrenzt und gesteuert. Die Herausforderung,
dieses Hilfsmittel nutzbringend einzusetzen, liegt weniger auf der
technologischen als auf der methodischen Ebene. Die Datenbanktech-
nik ist nicht neu; geeignete Methodenpakete für einen sinnvollen
Datenbankeinsatz sind jedoch nur selten zu finden.

Die Begründung für die Erstellung einer Datenbank

Mit wachsender Speicherkapazität und Verarbeitungsgeschwindigkeit
der Computer ist es nun möglich, Informationen schnell zu verarbeiten. Die technischen Mittel für die Steuerung und Verwaltung von
Informationen liegen ebenfalls vor. Die eingesetzten Methodenpakete
entsprechen allerdings weitgehend veralteten Vorgehensweisen. Mithin werden primitive Methoden mit fortschrittlichen Technologien
gekoppelt, um Datenverarbeitung zu betreiben. Immer noch werden
schlecht organisierte Datenbestände verarbeitet, um Auswertungen zu
erstellen, deren Nützlichkeit mehr als fragwürdig ist.

Unternehmen müssen Daten sowohl für langfristige als auch für
kurzfristige Zwecke abspeichern. Die systematische, kurzfristige,
korrekte Speicherung von Daten ist wesentlich für die anfallenden
Tagesarbeiten und für das erfolgsorientierte Bestehen des Unternehmens in der Zukunft. Durch langfristige Speicherung aller Unter-
nehmensaktivitäten unterstützt die Archivierung von Daten die Re-
visions-, Statistik- und Planungsabteilungen.

Gewöhnlich werden Informationen analog der funktionalen Untertei-
lung des Unternehmens dezentral bearbeitet. So befinden sich Daten
der Lohnbuchhaltung ausschließlich im Bereich der Lohnabteilung
oder Stammdaten des Personals in der Personalabteilung. Manche
Daten werden jedoch in mehreren Abteilungen gleichzeitig benötigt.
Kopien von Bestellformularen befinden sich beispielsweise in der
Einkaufsabteilung, der Qualitätskontrolle, der Geschäftsbuchhal-
tung, der Wareneingangsabteilung und der Fachabteilung, die die
Bestellung aufgegeben hat.

Jede Abteilung erledigt ihren Anteil des Bearbeitungsvorgangs,
wodurch die ursprünglich vorhandene Information jeweils verändert
wird. Nur in seltenen Fällen werden alle Kopien der Information
gemeinsam geändert. Um einen vollständigen Überblick über einen
derartigen Geschäftsvorgang zu erhalten, müssen jedoch die Daten
aller beteiligten Abteilungen herangezogen werden. Folglich sind
Informationen aus der Sicht der Unternehmensleitung unvollständig
oder einseitig, wenn der Anteil einer oder mehrerer Abteilungen an
der Informationsverarbeitung nicht berücksichtigt wird.

DAS VERHÄLTNIS ZWISCHEN EINEM MANAGEMENT-INFORMATIONSSYSTEM (MIS)
UND DEM EINSATZ VON DATENBANKEN

Der Begriff "Information" bezieht sich auf Daten, die eine bestimmte und zweckgerichtete Struktur aufweisen. Daher kann man sich
Management-Informationen als eine Sammlung von Daten vorstellen,
die das Ergebnis von Geschäftsvorfällen darstellen und dem Management zu Berichtszwecken zur Verfügung gestellt werden.

Das theoretische Ziel eines Management-Informationssystems besteht
darin, Einzelsysteme zu erstellen (für jede organisatorische
Hauptfunktion je ein System) und zu integrieren, um das Management
mit Informationen zu versorgen, wann und in welcher Form diese auch
immer benötigt werden. Das größte Problem bei der Entwicklung eines
MIS resultiert aus dem herkömmlichen, funktionellen Datenansatz.
Normalerweise wird keine Einzeldatei ausreichen, um mehr als nur
einfache Fragestellungen zu beantworten. Die Beantwortung komplexer
Fragen erfordert die Beanspruchung mehrerer Dateien; das Extrahie-
ren und Zusammenfügen von Informationen erzeugt eine neue Datei,
die dann wiederum auf herkömmliche Weise individuell weiter bearbeitet werden kann.

Unternehmensinformationssysteme

Ein Unternehmensinformationssystem unterstellt, daß – während indi-
viduelle funktionelle Abteilungen ihre separaten Systeme haben
können – für Unternehmenszwecke ein bestimmter Aggregations- und
Integrationsgrad unabdingbar ist. Der rote Faden eines Unterneh-
mensinformationssystems ist nicht ein umfassendes System, das allen
dient, sondern daß Daten, die für alle von Bedeutung sind, auch
allen, die diese Informationen benötigen, zur Verfügung stehen. Die
Integration besteht aus der Konsolidierung aller ähnlichen Datenelemente (z.B. alle, die zu einer bestimmten Art von Geschäftsvorfällen gehören).

Für ein Unternehmen, das Einzelsysteme in den Bereichen Bestellwe-
sen, Lagerhaltung, Zahlungsverkehr, Debitoren- und Kreditorenbuch-
haltung unterhält, könnte eine Konsolidierung der einzelnen Dateien
eine integrierte materialorientierte Management–Datenbank ergeben,
in der alle Daten des Materialbereichs gemeinsam gespeichert werden. Voraussetzungen dafür sind die Darstellung der Daten entsprechend einem logischen Modell sowie eine Beschreibung der Beziehungen zwischen den einzelnen Daten und Datensätzen. Dadurch wird
es möglich, Management–Informationssysteme für den Aufbau unterneh-
mensbezogener Informationssysteme einzusetzen, die auf dem Daten-
bankansatz basieren (s. Abbildung 1.1).

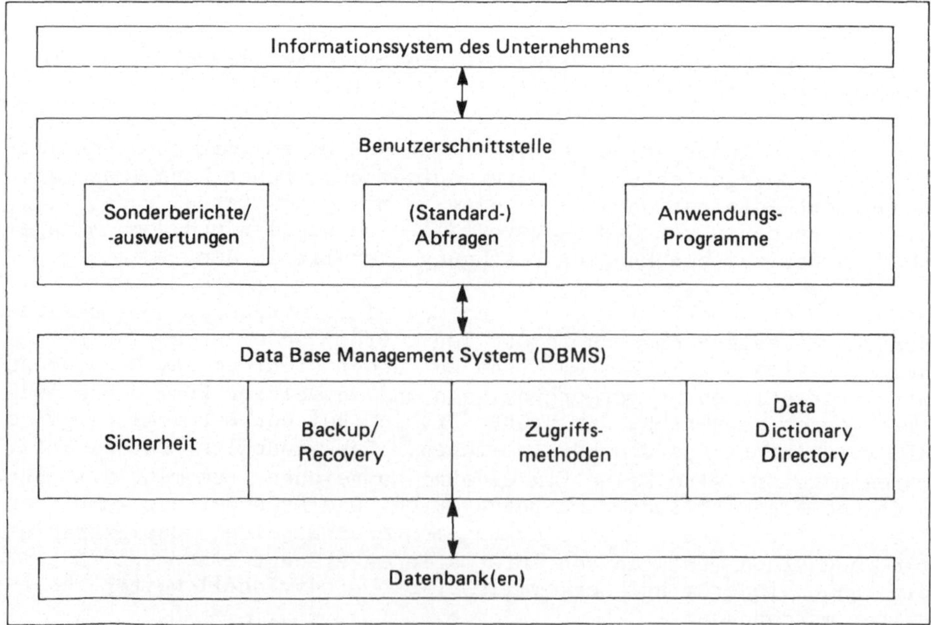

Abbildung 1.1: Elemente eines integrierten Informationssystems

Mehrere Führungsebenen

Für den Aufbau von MIS muß jede Führungskraft die Zielrichtung des Unternehmens (z.B. Firmenpolitik, Produktionsprogramme, Pläne) kennen. Führungskräfte unterscheiden sich in bezug auf ihre Informationsanforderungen für die Aufgabenabwicklung und dem Blickwinkel, aus dem sie Informationen zu betrachten haben. Ein weiterer Faktor, der die Organisation des Informationsflusses beeinträchtigt, ist die Position einer Führungskraft innerhalb des Organisationsgefüges (s. Abbildung 1.2). Auf den unteren Führungsebenen benötigt ein leitender Angestellter Informationen zur Unterstützung seiner "Tagesarbeiten" (operative Ebene). Auf den oberen Managementebenen besteht Bedarf an Informationen, auf deren Basis Entscheidungen getroffen werden, die entweder die langfristige Planung oder die Firmenpolitik betreffen.

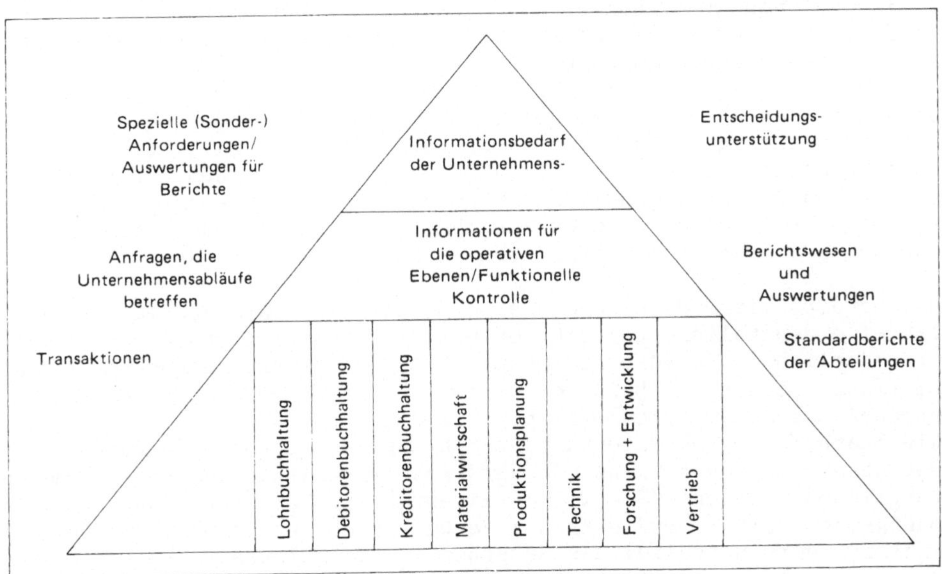

Abbildung 1.2: Bedarfsebenen für Datenauswertungen

Mitarbeiter der verschiedenen Führungsebenen stellen auch unterschiedliche Anforderungen an den Grad der Datenaggregation. Darüber hinaus muß jederzeit gewährleistet sein, an die Datenbanken des Unternehmens mit verschiedenartigen Fragestellungen heranzutreten, insbesondere mit solchen Fragen, die zunächst unklar oder mit ungenau abgegrenzten Zielvorgaben versehen sind. Der Erfolg einer Informationssystembenutzung hängt somit von den eingesetzten Methoden ab, die o eine gemeinsame, integrierte Datenbank erzeugen;

o eine durchgehende und konsistente Definition der Komponenten der
  Datenbank sicherstellen;

o eine Datenorganisation hervorbringen, die flexibel genug ist,
  sowohl strukturierte als auch unstrukturierte Fragestellungen zu
  bearbeiten.

Die Datenbanken

Bisher richteten sich die Serviceleistungen der DV-Abteilung an
einzelne Fachbereiche innerhalb des Unternehmens. In den meisten
Fällen ist der Begriff "Information" für jede Anwendung unterschiedlich definiert und organisiert; mithin werden Daten häufig in
erheblichem Umfang redundant gehalten, was mit zahlreichen Fehler-
möglichkeiten verbunden sein kann. Beispielsweise konnten Informationen aus der Lohnbuchhaltung und aus Personalstammdateien aufgrund der unterschiedlichen Klassifizierungsarten oder Identi-
fizierung von Arbeitnehmern nur sehr schwer miteinander verknüpft
werden. Es muß daher das Ziel sein, eine Integration dieser verschiedenen Datenbestände zu erreichen.

Transaktionen müssen so ausgelegt sein, daß eine Änderung der Daten
nur ein einziges Mal einzugeben ist und damit alle betroffenen
Datenbanksätze auf den aktuellen Stand gebracht werden. Zusätzlich
sind Daten wie Artikelnummern, Kunden- und Arbeitnehmer-Kennnummern
zu standardisieren. Dieses Vorgehen verhindert redundante Speicherung und ermöglicht Datenintegration und -integrität.

Da bereits viele Unternehmen eine gemeinsame Datenquelle nutzen,
ist eine zentralisierte Funktionseinheit innerhalb des Unternehmens
erforderlich, die die Datenquelle verwaltet und gegen störende
Einflüsse schützt. Beispielsweise kann nicht jeder Fachabteilung
erlaubt werden, Daten beliebig zu verändern. Der Zugriff auf und
die Bearbeitung von Datenbankdateien müssen überwacht werden. Das
Datenbankmanagement kann mit der Finanzverwaltung des Unternehmens
verglichen werden. So wie es einen Controller für das Finanz-
management gibt, muß es einen Verwalter der Datenbestände geben.
Während der Controller das Hauptbuch, die Bilanzen, Kontoauszüge
und Journale für die Aufzeichnung und Steuerung von Finanzangele-
genheiten benutzt, muß der Datenverwalter Programmablaufpläne,
Entwurfsbeschreibungen, Verzeichnisse und Dokumentationen für die
Steuerung und Gestaltung der Datenbestände einsetzen.

Jedes Datenelement im Datenbestand hat eine Quelle, einen "Eigentümer" und erfüllt mindestens eine Aufgabe. Die Datenverwaltung - der
Datenverwalter - muß für eine angemessene und vollständige Beschreibung sorgen. Der Einsatz von Datenbankverwaltungssystemen
erleichtert dieses Vorgehen.

Die Datenbankverwaltung

Die Verwaltung der Datenbestände muß sich mit folgenden Fragestellungen auseinandersetzen:

o Die meisten der heutigen Informationssysteme sind auf die operative Unternehmensebene zugeschnitten sowie - in geringerem Maße - auf das mittlere Management; sie unterstützen das gehobene Management kaum oder gar nicht. Wie können nun Datenbanken strukturiert werden, so daß sie den Informationswünschen aller Führungsebenen entsprechen? Ist es möglich, eine einzelne Datenbank so zu organisieren und strukturieren, daß allen Bedürfnissen Rechnung getragen wird, oder müssen verschiedene Datenbanken für unterschiedliche Ebenen erstellt werden?

o Können unterschiedliche Unternehmensbereiche eine gemeinsame Datenbank nutzen? Kann diese Datenbank die Informationen, die von den verschiedenen Führungskräften und -ebenen verlangt werden, liefern oder müssen separate Datenbanken für jede Hauptfunktion konstruiert werden? Soll versucht werden, funktional getrennte Informationsanforderungen in einer einzigen Datenbank zusammenzufassen?

o Leitende Angestellte benötigen häufig externe Daten. Die Beschaffung externer Daten gestaltet sich jedoch oft schwierig und aufwendig und ist darüber hinaus mit einem hohen Unsicherheitsfaktor versehen. Sollen dennoch externe Daten in die Datenbank(en) integriert werden? Ist sichergestellt, daß diese Informationen vollständig, rechtzeitig und inhaltlich richtig zur Verfügung gestellt werden? Wie können externe Daten übernommen werden?

o Häufig ändern sich bei personellen Wechseln die Anforderungen, die an ein DV-System gestellt werden. Ist es möglich, eine entsprechende Flexibilität in die logischen Strukturen, die der Datenbank zugrunde liegen, einzubauen?

Um diese und andere Fragen beantworten zu können, müssen wir die unterschiedlichen Formen, die eine Datenbank annehmen kann sowie die Komponenten, die zu diesem Zweck entwickelt werden müssen, festlegen. Dies geschieht entweder für Datenbanken, die jeweils einer speziellen Funktionseinheit dienen (z.B. dezentralisierte Datenbanken) oder für eine einzige (zentrale) Datenbank, die mehreren oder allen Teilen eines Unternehmensbereiches dienen soll.

Diese Überlegungen sollten nicht von der Software, die die Datenbankimplementierung möglich macht, ausgehen. Sie sollten ebensowenig die Hardware- und Personalprobleme, die in einer Datenbankumgebung auftreten, berücksichtigen. Vielmehr sollte man sich bei den Überlegungen auf folgende Punkte konzentrieren:

o Bestimmung der Anforderungen an die Datenbank;
o Entwurf der Datenbankstrukturen;
o Bestimmung von Art und Umfang gemeinsamer Datenbankzugriffe;
o Suche nach Möglichkeiten für den Schutz der Datenbanken.

Die Klärung dieser Fragen sollte Bestandteil einer allgemeinen Analyse sein, die die Auswirkungen auf die Arbeitsabläufe des Unternehmens beschreibt. Weiterhin sollte die DV-Funktion "Datenverwaltung" klar abgegrenzt werden.

KOSTENÜBERLEGUNGEN

Ein weiterer Faktor betrifft die Kosten einer Datenbankimplementierung. Diese Kosten, die sich grundlegend von anderen Kosten aus dem DV-Bereich unterscheiden, sollten separat betrachtet werden. Beispielsweise ist die Amortisationszeit für Datenbanksoftware weitaus länger als für eine Hardwareaufrüstung oder für die Einstellung zusätzlicher Programmierer. Weil der DV-Bereich so schnell gewachsen ist, sind Führungskräfte an kurzfristige Änderungen gewöhnt; doch erfolgten Änderungen in der Vergangenheit meist nur als unmittelbare Reaktion auf die gestiegenen Ansprüche der Anwender. Dies gilt jedoch nicht für Datenbanken. Der Manager muß in vollem Umfang das Kostenverhalten der Datenbanksoftware einschätzen und sich bemühen, diese Kosten unter Kontrolle zu halten.

Unmittelbare Kosten

Weil unmittelbare Kosten direkt das DV-Budget belasten, sind die hohen Kosten einer Datenbankimplementierung von großer Bedeutung. In diesen Kosten sind die Kosten für Hardware, Software, Programmierer und die Aufwendungen für die Entwicklung von Standards, Prozeduren und die Koordinierung zahlreicher Anwendungen enthalten.

Falscher Gebrauch von Datenbanksoftware

Weitere Kosten entstehen durch den falschen Gebrauch von Datenbanksoftware. Häufig wehren sich Anwender gegen einen abrupten Übergang von einem ihnen bekannten DV-System zum neu installierten Datenbanksystem. Ein für die Anwender angenehmer, aber letztendlich sehr aufwendiger Kompromiß besteht darin, nur teilintegrierte Dateien mit der Datenbanksoftware zu bearbeiten. Daraus resultieren nicht selten Wartungsprobleme, eine unzureichende Systemintegration und der ineffiziente Einsatz der Datenbanksoftware.

Versteckte Kosten

Leitende Angestellte, die Datenbankinformationen einsetzen wollen,
müssen erkennen, daß zahlreiche "versteckte Kosten" auftreten
können. Da Datenbanken die Arbeitsweise von DV-Systemen grundlegend
verändern, sind viele Kosten nicht offen erkennbar, bis die zugehörigen Änderungen tatsächlich vorgenommen wurden. Folgende Kostenfaktoren gehören beispielsweise in diese Kategorie:

o Die Beziehung zwischen Softwareausbau und Hardwareumfang – Neue
  Software erfordert zusätzliche Hauptspeicherkapazität oder sonstige Hardwareaufrüstungen;
o Softwareänderungen, die unerwartete Hardwareerweiterungen erforderlich machen, um Verbesserungen beibehalten oder verbesserte
  Rechnerleistung erzielen zu können;
o Verzögerungen – Benutzer benötigen Zeit, um DV-Systeme, die bislang voneinander unabhängig arbeiteten, zu integrieren; diese
  Verzögerungen können sehr kostenintensiv sein;
o Parallelbetrieb – Kostenanfall durch DV-Systeme, die während der
  Übergangszeit parallel betrieben werden müssen (insbesondere
  erhöhte Massenspeicher- und Arbeitskosten);
o Die Aufgabe, ständig die neuesten Softwareversionen zu beschaffen, um neue Möglichkeiten wahrnehmen zu können;
o Die Aufgabe, Dokumentationen und spezifische Prozeduren, die die
  Datenbanken betreffen, zu erstellen und jeweils auf dem aktuellen
  Stand zu halten;
o Ein Ansteigen der Entwurfszeit bei der Entwicklung neuer Anwendungen, begründet durch eine Lernkurve und einen erhöhten Koordi-
  nationsbedarf.

AUSBLICK

Wenn man soweit geht, Daten als Hilfsmittel oder Produktionsfaktoren des Unternehmens zu betrachten, erscheinen bedeutende
Erweiterungen in bezug auf das betriebliche Rechnungswesen sinnvoll. Die meisten Rechnungslegungssysteme beinhalten keine geeigneten Instrumente zur Ermittlung der Kosten von Daten; es existiert
daher ein Bedarf für ein Rechnungslegungssystem für Datenbestände.
Die meisten Unternehmen verrechnen die Kosten der Datenerstellung
bzw. der Datenbankeinrichtung als Aufwand und versuchen nicht,
diesem Produkt einen Vermögenswert beizulegen. Für viele Unternehmen sind Daten jedoch wichtiger als Realkapital; diese Tatsache
schlägt sich allerdings nicht in der Buchhaltung nieder. Daten –
als Vermögensgegenstand gesehen – besitzen zahlreiche Merkmale, die
eine Erfassung in der Bilanz rechtfertigen. Sie sollten benutzt
werden, um den Marktwert eines Unternehmens mit zu bestimmen.

ZUSAMMENFASSUNG

Bei der Vorbereitung des Datenbankeinsatzes sollte sich die Unternehmensleitung auf die Themen, die Gegenstand dieses Kapitels waren, konzentrieren und das Schwergewicht auf die Behandlung von
Daten als ein Hilfsmittel, das zur Erreichung von Unternehmenszie-
len beiträgt, legen. Die Bildung einer organisatorischen Einheit
für die Datenverwaltung ist ein wichtiger Schritt in diese Rich-
tung.

Literatur:

Davis, Gordon B.: "Management Information Systems", New York:
   McGraw-Hill Book Company, 1974.

Sanders, Donald H.: "Computers and Management in a Changing Socie-
   ty", New York: McGraw-Hill Book Company, 1974.

"Selection and Acquisition of Data Base Management Systems", A
   Report of the CODASYL Systems Committee, 1976.

Sibley, Edgar H.: "The Development of Data Base Technology", Computing Surveys, Bd. 8, Nr. 2, März 1976.

2 Gründe für den Einsatz eines Datenbank-systems

EINLEITUNG

Es ist häufig eine schwierige Aufgabe, ein neues Datenbanksystem vor der Unternehmensleitung zu rechtfertigen. Aufgrund der Tatsache, daß Datenbanken ein relativ neues Konzept der DV-Technologie darstellen, wenden sich viele Unternehmen dieser neuen Technik zu, ohne ein ausreichendes Verständnis für das dahinterstehende Konzept zu haben. Schlimmer noch: die Unternehmensleitung wird oft aufgefordert, auf der Basis von unzutreffenden oder unvollständigen Informationen Entscheidungen zu fällen. Wenn aber das Management über mangelhafte Informationen verfügt, ist es möglich, daß einem durchaus sinnvollen Datenbankprojekt die Zustimmung verweigert wird. Andererseits kann eine falsche Einschätzung das Management veranlassen, einem Datenbankprojekt zuzustimmen, das die gestellten Erwartungen nicht erfüllen kann. Für den Erfolg eines Datenbanksystems ist es wichtig (und damit auch für den Erfolg des Unternehmens), daß das Datenbanksystem sorgfältig ausgelegt wird, um den Ansprüchen der Anwender zu genügen, und daß die wirklichen Vorteile seiner Einrichtung dem Management korrekt und in vollem Umfang vermittelt werden.

Ein Datenbanksystem stellt eine Datenorganisation dar, die folgende Ziele erreichen soll:

o Sicherstellen der Datenintegrität;
o Bessere Nutzung der Datenbestände (z.B. vom Anwendungsprogramm unabhängige Datenspeicherung);
o Minimierung unnötiger Datenredundanz;
o Einheitliche Steuerung und Verwaltung des Datenbanksystems und der Daten zur Realisierung der drei ersten Zielsetzungen.

In diesem Kapitel werden die Gründe, die für einen Einsatz von
Datenbanken sprechen, angeführt. Ein bestimmtes Datenbanksystem ist
nicht Gegenstand der Betrachtung.

GÜNSTIGE BEDINGUNGEN FÜR DEN EINSATZ EINES DBMS (DATA BASE MANAGE-
MENT SYSTEM)

Nicht selten hört man Beschwerden von Anwenderseite, daß die DV-
Abteilung nicht imstande sei, die Fachabteilungen mit den für die
Tagesarbeit erforderlichen Informationen zu versorgen. Viele Anwender beklagen sich, daß Auswertungen falsch seien oder nicht den
neuesten Informationsstand wiedergäben. Außerdem sei es oft um-
ständlich und sehr zeitaufwendig, eine neue Auswertung zu erhalten. Eine kurze Beschreibung solcher und ähnlicher Beschwerden
hilft, die Probleme zwischen Anwendern und der DV-Abteilung zu
lokalisieren und zu erklären.

Fehler in den Berichten

Die Ursachen für ungenügend genaue Auswertungen können sehr unterschiedlich sein. Sie können sich aus "alltäglichen" Gründen ergeben
(z.B. Fehler bei der Dateneingabe); sie können aber auch auf Unzulänglichkeiten des DV-Systems selbst hinweisen (z.B. wurde im Entwurf eine bestimmte Datenkonstellation nicht berücksichtigt, die
dann bei ihrem ersten Auftreten unvorhergesehene Folgen hatte).
Diesen einfachen Problemen begegnet man bei der Verarbeitung von
Einzeldateien sehr häufig.

Eine andere Fehlerquelle kann sich durch Programme ergeben, die auf
mehrere Dateien gleichzeitig zugreifen. Derartige Fehler weisen auf
einen Mangel an Datensynchronisation hin. Diese Problematik sei an
folgendem Beispiel verdeutlicht:

Eine Bank unterhält mehrere Kundendateien, getrennt nach Spar- und
Girokonten. Es sollen nun diejenigen Kunden herausgefiltert werden,
die sowohl über ein Spar- als auch über ein Girokonto bei dieser
Bank verfügen. Die Dateien sollen also auf Gleichheit bei Kunden-
name und -adresse untersucht werden. Folgende Probleme können dabei
auftreten:

o Sofern bei Änderungen (z.B. durch den Umzug eines Kunden) nicht
  b e i d e Dateien gleichzeitig aktualisiert werden, können die
  Auswertungen fehlerhaft sein;

o Da vermutlich die DV-Systeme von verschiedenen Projektgruppen oder Mitarbeitern entwickelt worden sind (bzw. gepflegt werden), können unterschiedliche Konventionen zu Problemen führen. Beispielsweise kann dies bei einzelnen Datenfeldeinträgen zutreffen. Hinsichtlich der Angabe eines Stadtteils im Feld "Kundenadresse" können folgende Bezeichnungen auftreten: "Dortmund-Kley", "DORT-MUND-Kley", "Dortmund Kley", "Dortmund-76", "Dtmd.-76" usw.

Nur ein sehr ausgeklügeltes und damit aufwendiges Vergleichsprogramm könnte die Gleichheit dieser Angaben feststellen.

Die Berichte basieren nicht auf dem aktuellen Informationsstand

Werden Informationen in verschiedenen Dateien gespeichert, kann eine Zeitverschiebung zwischen den einzelnen Updates dazu führen, daß Datensätze noch nicht auf dem aktuellen Stand sind. Die Datensynchronisation bei einem Auftragserfassungssystem, bei dem in mehreren separat geführten Dateien Lagerbestände, Aufträge und Bewegungen fortlaufend eintreffen, wäre beispielsweise sehr aufwendig. Aber nur bei vollständiger Synchronisation lassen sich jederzeit aktuelle Auswertungen erstellen.

Die Berichtsauswertung erweist sich als sehr schwierig

Zur besseren Entscheidungsfindung fordern sowohl Fachabteilungen als auch Personen des mittleren und gehobenen Managements Informationen und Berichte in allen möglichen Varianten (z.B. Variation der Sortier- und Selektionskriterien, Aggregationsstufen, Anzahl der Datenfelder). Da solche Anforderungen für die DV-Abteilung oftmals sehr überraschend formuliert werden und auch kaum vorhersehbar sind, kann das Bereitstellen (bzw. das Nicht-Bereitstellen) der gewünschten Informationen die Beziehung zwischen der DV-Abteilung und den Anwendern nachhaltig beeinflussen.

Häufig erfordern die Auswertungen ein Zusammenfügen und Verarbeiten von Daten aus verschiedenen Quellen und Anwendungsgebieten; das Erstellen von Programmen, die auf mehrere unabhängige und verschiedene Dateien zugreifen, kann mit unvorhergesehenen Problemen verbunden sein.

Beispiel: Ein Großunternehmen unterhält einen großen und zum Teil unübersichtlichen Maschinenpark. In diesem Unternehmen existieren u.a. folgende DV-Anwendungssysteme:

o System-1 verwaltet im Rahmen der Anlagenbuchhaltung die für den Produktionsbereich eingesetzten Maschinen (bzw. Betriebsmittel). Neben den üblichen betriebswirtschaftlichen Daten gehört zu jedem Datensatz eine Angabe, ob sich das Betriebsmittel im Einsatz, in Reparatur (wenn ja, wo) oder im Lager als Reserve befindet;

o System-2 unterstützt die Einkaufsabteilung bei der Abwicklung von
  Bestellvorgängen;

o System-3 verwaltet technische Daten zu jedem Betriebsmittel, z.B.
  Leistungsdaten, Abmessungen, Angaben über Verschleiß und Ab-
  nutzung, voraussichtliche Restnutzungsdauer usw.

Die Unternehmensleitung forderte nun eine Auswertung, inwieweit
Dispositionen für die Neuanschaffung von Maschinen tatsächlich
gerechtfertigt sind. Der Programmierer, der mit dieser Aufgabe
betraut wurde, muß sich mit den eben erwähnten DV-Systemen und
deren Besonderheiten auseinandersetzen, um zu qualifizierten Ergeb-
nissen zu gelangen. Zunächst muß er ermitteln, welche Betriebsmittel bestellt werden sollen (System-2). Anschließend ist zu prüfen, wie sich die Reservehaltung der durch System-2 ermittelten
Betriebsmittel darstellt (System-1). Ergeben sich hier keine An-
haltspunkte für eine Stornierung der Dispositionen, muß er anhand
von System-3 ermitteln, ob das im Einsatz befindliche Betriebsmittel - z.B. aufgrund seines Verschleißverlaufs - eine Neube-
stellung sinnvoll erscheinen läßt.

Die Erstellung eines solchen Programms setzt folgendes voraus: Die
drei Systeme müssen die Betriebsmittel einheitlich aufschlüsseln.
Da diese Systeme jedoch von drei verschiedenen Abteilungen (Rechnungswesen, Einkauf, technische Abteilung) konzipiert und jeweils
von verschiedenen DV-Fachgruppen realisiert worden sind, ist zu
vermuten, daß diese Voraussetzung nicht erfüllt ist.

Die Beschreibung dieses Beispiels sollte verdeutlichen, warum es
mitunter sehr schwierig sein kann, Auswertungen zu erhalten. Es
existieren jedoch noch weitere Faktoren, die zu zusätzlichen
Komplikationen führen. Die Dateien sind häufig schlecht dokumentiert (manche Datenfelder existieren vielleicht nicht mehr, obwohl
die letzten Datensatzbeschreibungen sie noch ausweisen) oder der
"Eigentümer" einer der Dateien stimmt einer gemeinschaftlichen
Nutzung nicht zu und provoziert damit eine Folge von Kompetenz-
streitigkeiten.

Diese Faktoren bewirken, daß der Bedarf für eine Auswertung schon
nicht mehr besteht, wenn die Auswertung von der DV-Abteilung
schließlich bereitgestellt werden kann; oftmals müssen sich Führungskräfte auch damit abfinden, daß eine gewünschte Auswertung
"einfach nicht erstellt werden kann", obwohl alle dafür notwendigen
Daten in maschinenlesbarer Form vorliegen (1).

Auswirkungen der beschriebenen Probleme

Die genannten Schwierigkeiten können zu folgenden Ablauf- und Organisationsproblemen führen:

o Ein Rückstau unerfüllter Anfragen an die DV-Abteilung;

o Führungskräfte (auch aus dem gehobenen Management), die versuchen, Daten aus verschiedenen Listen/Auswertungen manuell zu
  verknüpfen. Dies ist oft ein Hinweis auf die Unfähigkeit der DV-
  Abteilung, Daten aus mehreren Dateien zu einer Auswertung zusammenzustellen;

o Übermäßiger Zeitaufwand für die Arbeiten am Monatsende, z.B.
  durch manuelles Zusammenfassen verschiedener Unternehmensbereiche; in einer Wettbewerbswirtschaft kann es fatale Folgen haben,
  wenn am Monatsende unternehmerische Entscheidungen zu treffen
  sind, bevor sämtliche erforderliche Daten des jeweiligen Monats
  zur Verfügung stehen.

UNGÜNSTIGE BEDINGUNGEN FÜR DEN EINSATZ EINES DBMS

In bestimmten Fällen erweist sich die Einführung eines Datenbanksystems als ungünstig. Auch wenn einige Faktoren einen Kauf ratsam
erscheinen lassen, so muß doch zuvor eine sorgfältige Analyse
durchgeführt werden, ob der Übergang zu einem Datenbanksystem
wirklich eine geeignete Maßnahme darstellt.

Zufriedene Benutzer

Die Aufgabe einer Datenbank besteht darin, den Anwendern Daten
schneller und präziser zur Verfügung zu stellen. Sind die Anwender
mit dem gegenwärtigen System zufrieden, wäre es unklug, Änderungen
oder Erweiterungen des Systems ins Auge zu fassen. Andererseits
sollte sorgfältig überprüft werden, ob die Anwender wirklich mit
dem gegenwärtigen System zufrieden sind oder ob sie vielleicht
(z.B. aus Unwissenheit) nur glauben, daß es "eben nichts Besseres
als das gegenwärtige System gibt".

Systemwechsel

Ein wesentlicher Vorteil einer Datenbank entsteht durch den Aus-
tausch einer heterogenen Ansammlung von Dateien zu einem integrierten Datensystem. Wenn allerdings erst kürzlich nennenswerte Investitionen auf dem Gebiet von dateiorientierten Systemen getätigt
worden sind, kann es schwierig werden, die Datenbank von der Kostenseite her zu rechtfertigen.

Fehlende organisatorische Voraussetzungen

Die Implementierung eines Datenbanksystems setzt eine organisatorische Abkehr vom herkömmlichen, dateiorientierten Ansatz der Da-

tenverwaltung voraus. Ein derartiger Wechsel zu einem neuen Datenbanksystem kann beispielsweise durch folgende organisatorische
Faktoren behindert werden (2):

o Hoher personeller Einsatz - Arbeitnehmer müssen in der Gestaltung
  und dem Gebrauch des Datenbanksystems geschult werden. Ein
  konsequentes Durchsetzen der Schulungsmaßnahmen hat sich in der
  Vergangenheit oftmals als sehr schwierig erwiesen.

o Widerstände bei der Unternehmensleitung - Der Wechsel zu einem
  Datenbanksystem führt neue DV-Konzepte und -Techniken ein; er
  verändert aber auch das Verhältnis zwischen DV-Abteilung und
  Anwendern. Das gehobene Management muß daher bereit sein, Änderungen in Organisation und Arbeitsablauf zu akzeptieren.

Fehlendes technisches Fachwissen

Datenbanksysteme wurden konzipiert, um eine Anzahl unterschiedlicher Batch- und Online-Anforderungen zu erfüllen und gleichzeitig
zufriedenstellenden Durchsatz und angemessene Antwortzeiten zu
garantieren. Die Gestaltung der logischen und physikalischen Strukturen der Datenbanken sowie das richtige Verknüpfen von Programmen
mit den Datenbanken erfordern gewöhnlich einen mittleren bis hohen
Grad an speziellem Wissen und technischem Geschick. Selbst wenn
gegenwärtig niemand im Unternehmen über die entsprechenden Fertig-
keiten verfügt, können sich die Mitarbeiter, die die Datenbank
einsetzen sollen, innerhalb kürzester Zeit die notwendigen technischen Kenntnisse durch Selbststudium, Weiterbildungskurse und
Seminare beim Anbieter des DBMS aneignen.

Unzulänglichkeiten in diesem Bereich werden dann offenkundig, wenn
ein Anwendungsprogramm in der implementierten Datenbankumgebung
deutlich langsamer abläuft als dies bisher der Fall war. Tritt eine
solche Situation ein, kann es sinnvoll sein, den Rat eines (Unter-
nehmens-)Beraters oder des Anbieters selbst einzuholen. Diese Unterstützung hat darüber hinaus in der Regel den Effekt, Wissens-
defizite der eigenen Mitarbeiter zu beseitigen.

Fehlendes technisches Hintergrundwissen kann die Vergeudung von
Computerleistung, unzulängliche Reaktionen auf Benutzeranfragen
oder eine Datenbank, deren Daten nur bedingt richtig sind, zur
Folge haben. Solche Faktoren können das gesamte Datenbankprojekt
zum Scheitern verurteilen. Es ist daher wichtig, diese Probleme zu
vermeiden, indem sichergestellt wird, daß die Installation von
Mitarbeitern getragen wird, die in der Lage sind, sich die neue
Technik anzueignen. Ferner müssen in ausreichendem Maße finanzielle
Mittel zur Verfügung stehen, um diese Mitarbeiter auf ihren neuen
Verantwortungsbereich vorzubereiten.

Mangelnde Datenverwaltung

Die Verwaltung der Datenbanken muß durch ein einziges, zentralge-
steuertes Projektteam erfolgen. Das soll allerdings nicht dazu führen, daß Bedürfnisse oder Wünsche einzelner Fachabteilungsleiter
ignoriert werden; vielmehr ist das Ziel der zentralgesteuerten
Projektteams das Sicherstellen koordinierter Datenbankstrukturen
für alle Anwendungssysteme. Versäumt man, ein solches Projektteam
zu bestimmen und mit entsprechenden Weisungsbefugnissen zu versehen, werden vermutlich nur bruchstückhafte Datenbankanwendungen
entstehen und ein übergreifendes, integriertes DB-System kann nicht
erreicht werden.

RECHTFERTIGUNG EINES DATENBANKSYSTEMS

Argumente für die Rechtfertigung eines Datenbanksystems gegenüber
der Unternehmensleitung müssen sorgfältig formuliert werden. Der
Kauf und die Installation eines DBMS stellen eine nicht uner-
hebliche Investition dar, die wahrscheinlich nur dann vorgenommen
werden wird, wenn gleichermaßen erhebliche Vorteile zu erwarten
sind. Glücklicherweise sind solche Vorteile zumeist offensichtlich
und die DV-Abteilung genießt bei ihrer Arbeit für gewöhnlich die
Unterstützung der Fachabteilungen. Nach Möglichkeit sollten die
Vorteile quantifiziert werden, so daß tatsächliche, in Geldeinhei-
ten ausgedrückte Einsparungen aufgezeigt werden können.

Die wesentlichen Gründe für die Rechtfertigung eines DBMS sollen im
folgenden Abschnitt dargelegt werden.

1. Gesteigerte Datenintegrität

   Korrektheit

   Da jedes Datenelement nur einmal in der Datenbank vorkommen
   soll, dürfen mehrere Versionen einzelner Datenelemente nicht
   existieren. Bei der Rechtfertigung des Datenbanksystems sollten
   alle Konsequenzen, auch finanzieller Art, beschrieben werden,
   die unkorrekte bzw. widersprüchliche Daten bei wichtigen Geschäftsvorgängen verursachen können. Es sollte auch deutlich
   dargelegt werden, daß vor jeder Änderung von Datenbankfeldern
   Plausibilitätsprüfungen durchgeführt werden müssen, um inkor-
   rekte Daten von der Datenbank fernzuhalten.

   Sicherheit

   Datenbanksysteme verfügen normalerweise über einen Sicherungsme-
   chanismus, der die Datenbanken vor unerlaubtem Zugriff schützt.
   Dieses Vorgehen sichert insbesondere sensible Daten (z.B. aus

dem Personalbereich) und vermeidet somit eine Schädigung des geschäftlichen Rufs oder Verlust von Wettbewerbsvorteilen.

Schutz und Wiederherstellung (Recovery)

Es wurde bereits aufgezeigt, daß Daten einen wichtigen Faktor für das Unternehmen darstellen, der den gleichen Schutz erfahren sollte wie jeder andere Vermögensgegenstand im Unternehmen auch. Jedem Anwender muß aufgezeigt werden, daß die dem DB-System anvertrauten Daten vor Beschädigung oder Verlust zu sichern sind. Den Kosten für die Sicherung sind die Konsequenzen gegenüberzustellen, die anfallen, wenn Teile der Daten (z.B. ausstehende Rechnungen) verloren gehen.

2. Bessere Reaktion auf Anwenderanforderungen

Sonderlisten/-auswertungen, Berichte

Das Bedürfnis der Anwender, spezielle Auswertungen aus den zur Verfügung stehenden Datenbeständen meist umgehend zu erhalten, ist unzweifelhaft einer der Hauptfaktoren für die Entscheidung, ein Datenbanksystem zu installieren. Der Wert des DBMS kann an zwei Kriterien gemessen werden:

o Die Kosten/Konsequenzen für den Fall, daß gewünschte bzw. benötigte Auswertungen nicht zur Verfügung stehen;

o Die Kosten im Falle, daß Daten manuell oder auf andere Weise zusammenzutragen sind.

Neue Anwendungen

Immer mehr Anwender sind nach Einführung und längerer Einsatzdauer eines DBMS in der Lage, neue Anwendungsgebiete selbst zu erkennen und zu ermitteln, welche Anwendungssysteme sinnvollerweise eingeführt werden sollen. Der Einsatz von Datenbanken beschleunigt die Entwicklung neuer Anwendungen auf zwei Arten:

o Da die Daten und deren Beschreibungen zentral verwaltet werden, ist es einfacher, neue Anwendungen zu planen; Daten müssen nicht mühsam aus mehreren Quellen gesammelt und zusammengetragen werden;

o Datenbanksysteme bieten Werkzeuge für die schnellere und präzisere Programmierung neuer Anwendungen an. Programmierer können mehr Zeit auf die Erarbeitung von Systemfunktionen verwenden und müssen weniger Arbeitszeit auf Details wie Speicherung, Zugriff und interne Verarbeitung verwenden.

Die schnellere Systementwicklung führt beispielsweise zu folgenden Vorteilen, die als Teil der Rechtfertigung eines DBMS vorgegestellt werden können:

o Der Aufwand für Systemanalyse und Programmierung sinkt (Personalkostenersparnis);

o Die Vorteile neuer Anwendungen können schneller wahrgenommen
  werden; die Rückflüsse aus dem Kapitaleinsatz setzen früher
  ein.

3. Bessere Nutzungsmöglichkeiten der Daten

Rechtzeitige Verfügbarkeit der Daten

Die Tatsache, daß Daten in einer Datenbank leichter auf aktuellem Stand zu halten sind, hat mehrere positive Auswirkungen.
Erstens werden Entscheidungen immer auf der Basis aktueller
Informationen getroffen. Bei der Präsentation dieses Vorteils
sollten Beispiele angeführt werden, bei denen schnell wechselnde
Umstände das Management zwingen, in jedem Fall über aktuelle
Daten zu verfügen. Zweitens kann das Unternehmen einen direkten
finanziellen Vorteil durch eine schnellere Informationsverarbeitung erzielen, z.B. im Rechnungswesen, wenn Rechnungen nach fünf
anstatt nach zehn Tagen verschickt werden können.

Dieser Vorteil könnte anhand von Beispielen weiter quantifiziert
werden. Es sei an die Gewährung von Skonti durch Lieferanten
erinnert, die man bei schnellerer Informationsverarbeitung häufiger in Anspruch nehmen kann.

Flexible Datenstrukturen

Eine Charakteristik von Datenbanksystemen ist, daß sie flexiblere Verknüpfungen zwischen den einzelnen Datenelementen erlauben. Auch wenn dieser Vorteil nicht einfach zu quantifizieren
ist, so ist doch offensichtlich, daß sich daraus Erleichterungen
bei der Systementwicklung ergeben, insbesondere während der
Entwurfsphase.

Weniger Datenredundanz

Speichermedien sind inzwischen so preiswert geworden, daß die
Ersparnis an Speicherplatz nicht mehr zu den Hauptvorteilen
eines Datenbanksystems gezählt werden kann. Es sollte jedoch
erwähnt werden, daß der Bedarf an zu erstellenden Sicherungskopien sinkt, was zu Arbeitserleichterungen, z.B. im Bereich der
Arbeitsvorbereitung, führt.

4. Leichtere Anpassung an künftige Änderungen

Datenunabhängigkeit

Ein großer Vorteil eines Datenbanksystems besteht darin, daß Anwendungsprogramme von den Auswirkungen von Änderungen logischer Datenstrukturen, physikalischer Datenorganisation oder der Hardware weitgehend unberührt bleiben. Wenn solche Änderungen in Zukunft zu erwarten sind, ist es legitim, Ersparnisse der Bereiche Analyse, Programmerstellung und -testläufe geltend zu machen.

Verteilte Datenverarbeitung

Die zentralisierte Kontrolle und die Kenntnisse, die der Umgang mit Datenbanken erbrachte, können den Übergang zu einer verteilten Datenverarbeitung einfacher gestalten. Hierbei handelt es sich allerdings um eine rein qualitative Rechtfertigung.

FALSCHE ERWARTUNGEN

Es gibt zwei Bereiche, bei denen es zwar vorstellbar ist, daß eine Datenbank die Anforderungen an DV-Ressourcen reduzieren kann, bei denen aber Ersparnisse nur selten erzielt werden: Die Größe des Personalstabs und die Computerausstattung.

Es ist ein weitverbreiteter Irrglaube, daß eine Datenbank eine geringere Personalausstattung der DV-Abteilung ermöglicht. Diese Ansicht ist zumindest während des ersten Jahres nach der Implementierung falsch. Es sind mehrere Jahre erforderlich, bis Personaleinsparungen realisiert werden könnten. Aber zu diesem Zeitpunkt werden vermutlich bereits so viele neue Anforderungen der Fachabteilungen formuliert sein, daß man ohne zusätzliches Personal nicht mehr auskommt.

Wenn ein Unternehmen starke Redundanz in seinen Datenbeständen hat, die es zu synchronisieren und zu überarbeiten gilt, besteht die Aussicht, daß ein Datenbanksystem Möglichkeiten zur Reduzierung der Computerausstattung bietet. Normalerweise erfordern Datenbanksysteme jedoch Erweiterungen der Computerausstattung, weil die Anlagen für vielfältige Zwecke ausgelegt und für einen breiten Anforderungsbereich konzipiert sind.

KOSTENBETRACHTUNGEN

Einige der eben beschriebenen Vorteile von Datenbanksystemen sind sicherlich schwierig zu quantifizieren; die Einschätzung der mit einem Datenbanksystem verbundenen Kosten ist jedoch eine relativ einfache Angelegenheit. Da die Kosten von Art und Größe des Unternehmens sowie vom Umfang der gewünschten Datenbankkomponenten abhängen, kann in diesem Kapitel nicht versucht werden, absolute Zeiten und Kosten zu ermitteln. In den folgenden Abschnitten wird beschrieben, wie ein typisches Datenbankprojekt in einzelne Arbeitsschritte gegliedert werden kann; diese bilden dann die Grundlage für die Kostenermittlung. Abbildung 2.1 zeigt die wesentlichen Kostenkomponenten, die zu jedem Arbeitsschritt gehören.

1. Durchführbarkeitsstudie

   Diese Studie ermittelt den gegenwärtigen Stand der eingesetzten Informationssysteme. Es folgt die Entscheidung, ob man das Projekt "Einrichten eines Datenbanksystems" weiter verfolgen soll.

2. Ermittlung der Anforderungen

   Dies ist die aufwendigste und zeitintensivste Phase. Das Ziel ist die Ermittlung der Anforderungen an das Datenbanksystem. Sie umfaßt das Befragen potentieller Anwender des DBMS ebenso wie eine Analyse der bestehenden Informationssysteme. Zukünftige Bedürfnisse müssen unter Berücksichtigung neuer DV-Möglichkeiten (z.B. bessere Entscheidungsfindung) ermittelt werden. Auch der Arbeitsaufwand für die Dokumentation der Untersuchungsergebnisse darf nicht übersehen werden.

3. Einrichtung des Data Dictionary

   Mit dieser Aufgabe ist eine umfangreiche Datenerfassung verbunden. Die aus der zweiten Phase gewonnenen Informationen müssen hier berücksichtigt werden. Es ist zu überlegen, ob man für die Einrichtung und Aktualisierung des Data Dictionary ein separates Softwarepaket beschaffen sollte.

4. Kosten-/Nutzenanalyse

   Es ist zu empfehlen, die Nutzenbetrachtungen bereits während der zweiten Phase durchzuführen. Wenn ein Anwender eine bestimmte Dienstleistung von der Datenbank wünscht, sollte bereits in dieser Phase eine wertmäßige Einschätzung der Dienstleistung verlangt werden.

5. Datenanalyse

   Die Datenanalyse ermittelt die Beziehung aller Daten eines Unternehmens. Eine derartige Untersuchung erfordert viel Detailarbeit. Das Hinzuziehen von externen Beratern kann sich als sinnvoll erweisen.

Kostenkategorie	Geschätzte Kosten für:	
Durchführbarkeitsstudie	Einweisung der Systembetreuer	_____
	Analysezeit	_____
	Beratungsgebühren	_____
Ermittlung der	Zeitaufwand für die:	_____
Anforderungen	Interviewer	_____
	Anwender	_____
	Gruppe Datenbankverwaltung (DBV)	_____
	Projektleiter	_____
	Systemanalytiker	_____
	Anwendungsprogrammierer	_____
	Externe Berater	_____
Einrichtung des	Softwarepreis	_____
Data Dictionary	Betreuung und Dateneingabe	_____
Kosten-/Nutzenanalyse	Informationssammlung	_____
	Auswertungszeit	_____
Datenanalyse	Zeitaufwand der DBV-Gruppe	_____
	Beratungsgebühren	_____
Paketbewertung, Auswahl	Ausbildung der DBV-Gruppe	_____
und Beschaffung	Zeitaufwand der DBV-Gruppe	_____
	Beratungsgebühren	_____
	Reisekosten	_____
	Vergleichs- und Auswahlkosten	_____
	Vertragsvorbereitung, -prüfung und -abschluß	_____
	Zusätzliche Software- und Hardwarekosten	_____
Lernphase	Ausbildung aller betroffenen DV-Mitarbeiter	_____
	Systementwicklung	_____
	Anwenderzeit	_____
	Beratungsgebühren	_____

Abbildung 2.1: Kostenfaktoren einer Datenbankinstallation

6. Paketbewertung, Auswahl und Beschaffung

Die Auswahl des am besten geeigneten Datenbanksystems ist zeit-
raubend und aufwendig. Es ist daher wichtig, die Bewertungskri-
terien sorgfältig auszuwählen und festzulegen. Allen Kriterien
sollten Gewichtungsziffern zugeordnet werden, die den relativen
Wert der Kriterien angeben. Im Rahmen einer Nutzwertanalyse
lassen sich so sämtliche ermittelten Einzelwerte zu einer Zahl –
dem Nutzwert – aggregieren. Dadurch wird ein Vergleich der DB-
Systeme erleichtert.

Das Bewertungsschema kann um eine Aufstellung der einzelnen
Eigenschaften ergänzt werden, die das auszuwählende DB-System
unbedingt besitzen muß; eine weitere Aufstellung soll die Eigenschaften enthalten, die es auf keinen Fall besitzen darf.

Folgende Auswahlkriterien kommen in Betracht:

o Entwicklungsgeschichte und Ziele des Systems, z.B.: Wer hat
  das System entwickelt? Wann erschien die erste Version auf dem
  Markt? Wo wird das System eingesetzt (Deutschland, Europa,
  weltweit)? Zukunftsaussichten/Pläne für das System?

o Der Anbieter, z.B.: Größe des Unternehmens? Rechtliche Aspekte
  und Vertragskonditionen? Grundkosten? Werden sonstige (Unter-
  stützungs-)Leistungen angeboten?

o Die Systemumgebung, z.B.: Auf welchen Rechnern ist das Datenbanksystem ablauffähig (Problem der Portabilität)? Welche
  Betriebssysteme sind geeignet? Minimale Hardwareausstattung
  (z.B. CPU oder Plattenspeicher)?

o Entwurfsaspekte, z.B.: Welche Strukturierungsmöglichkeiten
  stehen zur Verfügung? Definition der Daten? Feldlängen?

o Schnittstelle zum Anwendungssystem (Datenmanipulation), z.B.:
  Eingebundene Kommandos in einer höheren Programmiersprache?
  Berichtsgeneratoren? Eigene Abfragesprache?

o Sicherheitsaspekte, z.B.: Restart- und Recovery-Mechanismen?
  Zugriffskontrollen?

o Online-Einrichtungen, z.B.: Welche TP-Monitore können verwendet werden?

o Implementierung und Betrieb, z.B.: Testhilfen? Leistungsaspekte (Möglichkeiten zur Leistungsüberwachung und -verbesserung)?

Es ist nicht ratsam, die Zeit für den Selektionsprozeß zu knapp
zu bemessen. Obwohl dieser Prozeß sich als ebenso teuer wie das
Datenbanksystem selbst erweisen kann, wäre es infolge hoher
langfristiger Kosten und anderer negativer Effekte eines falsch
ausgewählten Systems unklug, hier zu geizen. Auch wenn Ver-
gleichstests sehr aufwendig erscheinen, sind sie oft angebracht,
wenn unter mehreren Datenbankprodukten das für das Unternehmen
vorteilhafteste ermittelt werden soll.

Die mit der Beschaffung eines DBMS in Verbindung stehenden
Kosten (z.B. Reise- oder vorvertragliche Kosten) dürfen eben-
falls nicht vernachlässigt werden. Dennoch zählen der Preis der
Datenbank selbst, die Wartungskosten und die Kosten zusätzlicher
Hardware -und Softwareausstattung zu den Hauptgesichtspunkten,
die man berücksichtigen muß.

7. Lernphase

Die Dauer und die Kosten der ersten Systementwicklung in einer
Datenbankumgebung hängen primär von der Art der gewählten Anwendung ab. Zu den direkten Kosten der Anwendung selbst sind die
Kosten aus der Personalschulung zu addieren. Es sei darauf
hingewiesen, daß - falls das erste Projekt mißlingt - möglicherweise das gesamte Datenbankprojekt fallengelassen wird; es ist
daher ratsam, externe Hilfe für die erste Anwendungsentwicklung
hinzuzuziehen.

ZUSAMMENFASSUNG

Bei der Rechtfertigung eines Datenbanksystems vor der Unternehmensleitung können die meisten Vorteile und Kosten quantifiziert werden. Quantifizierbare Komponenten sollten in einem separaten Abschnitt zusammengefaßt werden, ebenso die nicht quantifizierbaren
in einem anderen.

Es ist zu beachten, daß jeder Geldwert, der einem Nutzen beigelegt
wird, von Finanzplanern oder Revisoren überprüft wird. Erweisen
sich Werte als nicht haltbar, wird man wahrscheinlich verlangen,
die gesamte Kosten-/Nutzenanalyse zu wiederholen. Alle Zahlen sollten daher sorgfältig ermittelt werden, um Verzögerungen dieser Art
und Enttäuschungen zu vermeiden.

Quellenangaben:

1. Nolan, Richard: "Computer Data Base: The Future is Now", Harvard Business Review, September–Oktober 1973.

2. CODASYL Systems Committee: "Selection and Acquisition of Data Base Management Systems", Association for Computing Machinery, März 1976.

3 Problembereiche bei der Installation eines Datenbanksystems

EINLEITUNG

Seit nunmehr dreißig Jahren wird die EDV in Unternehmungen aller Art eingesetzt. Bezeichnend dabei ist, daß nur wenige Unternehmen aus den Fehlern, die andere bereits vor ihnen gemacht haben, gelernt haben. Wenn ein Unternehmen beispielsweise die Einrichtung einer Datenbank plant, dann besteht sowohl die Möglichkeit, einen hohen Nutzen aus der Anwendung der neuen Technologie zu ziehen, als auch einen ebenso hohen Schaden zu erleiden. Es ist daher erforderlich, bei der Planung und Einrichtung von DB-Systemen sorgfältig und unter Berücksichtigung aller relevanten Aspekte vorzugehen. Die Einrichtung einer Datenbank kann mit einer Reihe von Problemen verbunden sein, die man nach Möglichkeit vermeiden sollte, z.B.:

o Die Entscheidung für ein Datenbanksystem ohne vorherige Bewertung vorhandener Alternativen;
o Die Benutzung des Datenbanksystems (nur) als ein besseres Zugriffsinstrument;
o Das Versäumnis, vor der Datenbankinstallation die Anwendungsdaten zu analysieren;
o Die Anwendung veralteter Methoden zur Systementwicklung;
o Mangelnde Unterstützung des Datenbankprojekts von seiten der Unternehmensleitung;
o Unzureichende Beachtung der aus einem Datenbanksystem resultierenden Vorteile;
o Das Vernachlässigen des Data Dictionary.

Weiterhin sind eine Reihe technischer Detailprobleme zu beachten. In diesem Kapitel werden die mit einer Datenbankeinrichtung verbundenen Probleme vorgestellt und Lösungsmöglichkeiten vorgeschlagen.

DER ZEITPUNKT DER ENTSCHEIDUNG

In einem von Nolan veröffentlichten Aufsatz wird beschrieben, daß
bei der Entwicklung der betrieblichen Datenverarbeitung verschiedene Stufen zu unterscheiden sind (1). Nolans Stufentheorie besagt,
daß Unternehmen die DV-Technologie und -Methoden einer Stufe erst
beherrschen müssen, ehe sie die nächste Stufe erreichen können. In
seinen Ausführungen unterscheidet er insgesamt sechs Phasen, von
denen die beiden höchsten Stufen, insbesondere jedoch die sechste
Stufe, derzeit von keinem Unternehmen zu erreichen sind. Folgendermaßen könnte man die Phasen bezeichnen:

1. Einführung;
2. Ausbreitung;
3. Kontrolle;
4. Integration;
5. Datenverwaltung;
6. Reifezustand.

Kennzeichnend für das Ende der zweiten Stufe ist die Enttäuschung
zahlreicher leitender Angestellter beim Versuch, die für das Treffen unternehmerischer Entscheidungen erforderlichen Daten aus dem
unternehmenseigenen EDV-System zu erhalten. In dieser Phase kommt
es darüber hinaus zu einer "freizügigen" und von "Wildwuchs" ge-
prägten raschen Ausbreitung der DV-Anwendungen (s. Abbildung 3.1).

Innerhalb der dritten Stufe vollzieht sich eine Verschiebung vom
Computermanagement zum Management der Datenressourcen. Es kommt
daher zu einer Umstrukturierung bestehender Anwendungen. Nolan
weist darauf hin, daß für diese Konsolidierung die Beschaffung
eines Datenbanksystems unumgänglich ist. Leider geht aus den Ausführungen Nolans nicht eindeutig hervor, w a n n ein Unternehmen
den Übergang zu einem Datenbanksystem vornehmen sollte, um angemessenen Nutzen aus dieser Technologie erzielen zu können. Es gibt
viele Unternehmen, die den "Sprung ins kalte Wasser" zu früh gewagt
haben und an der Datenbanktechnologie gescheitert sind. In anderen
Unternehmen geht die Installation von DB-Systemen wiederum so
schleppend voran, daß man die Resultate als enttäuschend bezeichnen
muß.

Es gibt jedoch auch Unternehmen, die den mutigen Wechsel von einem
manuell geführten Informationssystem zu einem voll integrierten
Datenbanksystem vollzogen haben. Ein solcher Erfolg ist allerdings
nur dann möglich, wenn genügend qualifiziertes Personal und/oder
Berater mit entsprechender Erfahrung zur Verfügung stehen.

Ohne auf weitere Einzelheiten des Modells von Nolan einzugehen, ist
es legitim zu behaupten, daß der Übergang zu einem Datenbanksystem
zu einem falschen Zeitpunkt unangenehme Folgen nach sich ziehen
kann. Bei einem zu frühen Übergang auf DB-Systeme liegen die Pro-

bleme in der Regel in der mangelnden Reife des Unternehmens (Einsatzmöglichkeiten der neuen Technologie, die noch nicht genutzt werden können); bei einem zu späten Übergang werden mögliche Wettbewerbsvorteile am Markt nicht wahrgenommen.

ALLGEMEINE PROBLEME BEIM EINSATZ VON DATENBANKSYSTEMEN

Eine Reihe von Problemen erweisen sich als unabhängig vom jeweils eingesetzten Datenbanksystem. Im folgenden werden solche Probleme, auf die bereits Sibley hingewiesen hat (2), beschrieben:

Fehlendes technisches Fachwissen

Die Annahme, daß der Einsatz eines Datenbanksystems nicht mehr Fachwissen als der Betrieb konventioneller DV-Einrichtungen benötigt, ähnelt der Ansicht, man könne den Piloten eines einmotorigen Sportflugzeuges ohne weitere Ausbildung in die Pilotenkanzel eines Düsenflugzeuges setzen. Die Tatsache, daß dieser Pilot bereits ein Flugzeug geflogen hat, rechtfertigt allenfalls, ihn als aussichtsreichen Kandidaten für eine Aus- und Fortbildung zum Jetpiloten anzusehen. Analog dazu könnten herkömmliche DV-Systeme mit DB-Systemen verglichen werden. Der Einsatz eines Datenbanksystems steht und fällt mit dem Fachwissen bzw. den Erfahrungen der am Projekt beteiligten Mitarbeiter.

Der Wechsel von herkömmlichen zu datenbankorientierten DV-Systemen muß sorgfältig vorbereitet werden. Schulungsmaßnahmen sollten für alle Beteiligten geplant werden, insbesondere für den technischen Stab, der sich auch mit Detailproblemen auseinandersetzen muß. Führungskräfte und Anwender benötigen Orientierungshilfen, die die Unterschiede zwischen den konventionellen DV-Systemen und DB-Systemen klar herausstellen. Jeder Mitarbeiter aus den Reihen des technischen Personals sollte darüber hinaus eine gründliche Unterweisung erhalten. Regelmäßige Treffen aller Beteiligten können sich für den gegenseitigen Erfahrungsaustausch als nützlich erweisen, wobei auch Probleme bei der Gestaltung und Entwicklung des DB-Systems erörtert werden können.

Erwerb eines Datenbanksystems ohne vorherige sorgfältige Bewertung

Es gibt zahlreiche Datenbanksysteme, die für einen Einsatz im Unternehmen in Frage kommen. Betreiber von IBM-Geräten haben dabei in der Regel noch die größten Auswahlmöglichkeiten. Alle DB-Systeme unterscheiden sich jedoch erheblich hinsichtlich ihrer technischen Merkmale. Deshalb ist eine sorgfältige und intensive Bewertung der möglichen Alternativen erforderlich, die in der Regel mindestens sechs Monate in Anspruch nimmt.

Stufe: Bereich:	Stufe 1 Einführung	Stufe 2 Ausbreitung	Stufe 3 Kontrolle	Stufe 4 Integration	Stufe 5 Datenverwaltung	Stufe 6 Reifezustand
1. Anwendungs- bereich	Funktionale, kostensenkende Anwendungen	Wildwuchs	Aktualisierung der Daten- dokumentation und Umstruk- turierung be- stehender Anwendungen	Weitere Anpassung bestehender Anwendungen mit Hilfe der Daten- banktechnologie	Integration der Anwendungen	Integration sämt- licher Anwendungs- bereiche
2. EDV- Organisation	Spezialisierung auf den tech- nologischen Lernprozeß	Anwender- orientierte Programmierer	Mittleres Management	Aufbau eines Computerservice- zentrums und Gruppierung von EDV-Benutzer- teams	Aufbau einer „Datenverwaltung"	Datenressourcen- Management
3. EDV-Planung und Kontrolle	Freizügig	Freizügig	Formalisierte Planung und Kontrolle	Maßgeschneiderte Planungs- und Kontrollsysteme	Datenverknüpfung und gemeinschaft- lich genutzte Datenbestände	Strategische Planung auf Grundlage der Datenressourcen
4. EDV- Bewußtsein und Einstellung der Benutzer	„Hände weg"	Oberflächlich enthusiastisch	Willkürliche Kosten- belastung	Lernprozeß Kosten- denken	Effektive Kosten- belastung	Kostenverteilung auf Benutzer der EDV wird akzeptiert

Abbildung 3.1: Entwicklungsstufen der Datenverarbeitung (nach Harvard Business Review)

In den frühen siebziger Jahren standen längst nicht so viele Datenbanksysteme wie heute zur Auswahl. Vielfach trifft man heute in
Europa die Situation an, daß eine US-Muttergesellschaft, die bereits 1971 oder 1972 eines der damals zur Verfügung stehenden DB-
Systeme ausgewählt hatte, ihr europäisches Tochterunternehmen
drängt, sich für dasselbe Produkt zu entscheiden, was sich biswei-
len als nachteilig erweisen kann.

Benutzung der Datenbank als ein besseres Zugriffsinstrument

Es ist sehr verführerisch, ein Datenbanksystem als leistungsfähiges, index-sequentielles Zugriffsinstrument auf vorhandene Daten zu
benutzen. Zwar werden bei diesem Vorgehen einige der Vorteile (z.B.
bessere Datenunabhängigkeit) eines Datenbanksystems realisiert,
aber zahlreiche weitere Vorteile werden außer acht gelassen. Die
Beschaffung eines DB-Systems mit der alleinigen Absicht, dieses DB-
System als Zugriffsinstrument zu benutzen, läßt sich etwa mit dem
Kauf eines Düsenflugzeugs vergleichen, das nur mit der Geschwindigkeit eines Propellerflugzeugs geflogen werden soll. Um alle Vorteile nutzen zu können, die aus dem Einsatz von Datenbanksystemen
resultieren, sollte beim erstmaligen Einsatz des neuen DB-Systems
eine Anwendung ausgewählt werden, die zahlreiche (z.B. 15 bis 20)
Satzarten benötigt. Diese Ausgangssituation zwingt die Systementwickler, sich eingehend mit dem Aufbau der Datenbanken zu befas-
sen.

Unzureichende Analyse der Anwendungsdaten

Ohne sorgfältige Analyse der Anwendungsdaten lassen sich die Vorteile eines DBMS nicht erzielen.

Folgendes Beispiel deutet die Komplexität dieses Vorhabens an. Es
soll ein DB-System zur Abrechnung von Werkstattleistungen eines
größeren Industriebetriebes entwickelt werden. Unter anderem folgende Unternehmensbereiche müssen über Schnittstellen auf den Datenbestand zugreifen können:

o Einkauf – Zu jeder Reparatur muß eine Bestellung vorliegen; die
  Abwicklung der Bestellungen erfolgt zentral in der Einkaufsabteilung.

o Materialwirtschaft – Jede Werkstatt unterhält ein eigenes Lager;
  die Bestandsdaten müssen zu den üblichen Lagerdaten anderer Unternehmensbereiche "passen", z.B. muß eine einheitliche Verbu-
  chung der Zu- und Abgänge sowie ein einheitliches Datenformat
  gewährleistet sein.

o Lohnbuchhaltung – Wegen der hohen Personalintensität der Werk-
  stätten soll die Lohnabrechnung ebenfalls DV–gestützt abgewickelt
  werden; die entsprechenden Schnittstellen zur Lohnbuchhaltung
  müssen daher eingerichtet werden.

o Geschäftsbuchhaltung/Kostenrechnung – Die Abrechnung von Werkstattleistungen an andere Unternehmensbereiche erfolgt über eine
  innerbetriebliche Leistungsverrechnung; die Verrechnung von Leistungen an Fremdfirmen muß mit den üblichen Fakturierungsrichtli-
  nien des Unternehmens übereinstimmen.

o Anlagenbuchhaltung/Betriebsmittelbewirtschaftung – Betriebsmittel
  aus dem Produktionsbereich gehen vorübergehend in den Werkstatt-
  besitz über; um eine transparente Bestandsverfolgung zu gewährleisten, müssen deshalb auch Schnittstellen zur Anlagenbuchhaltung bzw. Betriebsmittelbewirtschaftung existieren.

Anwendung überholter Methoden bei der Systementwicklung

Die üblichen Methoden zur Systementwicklung sind meist auf Grundlage der Möglichkeiten der "konventionellen" Datenverarbeitung
entwickelt worden. Einige dieser Methoden wurden inzwischen zu
einem Quasi–Standard bei der Systementwicklung. Auch wenn es vor-
teilhaft ist, einen systematischen Ansatz für die Gestaltung und
Entwicklung von DV–Systemen zu verwenden, werden die diesbezüg-
lichen Anforderungen an die Gestaltung von DB–Systemen oft unterschätzt. Viele Methodenpakete basieren auf der klassischen Analyse
des "Eingabe – Verarbeitung – Ausgabe (EVA) – Prinzips". Diese
Methodenpakete werden im Rahmen einer DB–Umgebung nicht überflüs-
sig; sie erweisen sich auch weiterhin als sehr nützlich, aber erst,
nachdem die Datenbanken vollständig eingerichtet sind.

Mangelnde Unterstützung von der Unternehmensleitung

Die Unternehmensleitung könnte versucht sein, den Umgang mit Datenbanksystemen als ausschließlich technisches Problem zu betrachten,
für das sie nicht zuständig ist. Die Probleme beim Übergang zu
einem Datenbanksystem sollten jedoch vom gehobenen Management nicht
unterschätzt werden. Wenn beispielsweise abzusehen ist, daß das
Datenbanksystem nur als ein leistungsfähiges Zugriffsinstrument
benutzt werden wird, ist das Management nicht unmittelbar von
dieser Situation betroffen. Die Probleme werden jedoch später evi-
dent, wenn beispielsweise integrierte Informationssysteme entwickelt werden sollen.

Vernachlässigen vorhandener Vorteile

Die Unternehmensleitung sucht häufig die Rechtfertigung für ein
Datenbanksystem allein auf der Kostenseite. Bei einer solchen Be-
trachtungsweise werden eine Reihe von Vorteilen eines DB-Systems
vernachlässigt, die nicht so offensichtlich sind. Diese Vorteile
werden zumeist erst dann sichtbar, wenn das Datenbanksystem in
mehreren Anwendungsbereichen erfolgreich eingesetzt wird. Erst dann
läßt sich erkennen, daß Anwendungen auch integriert werden können,
was ungeahnte Vorteile für die Unternehmensleitung mit sich bringt.
Eine vorschnelle und oberflächliche Abqualifizierung des Datenbanksystems zu einem frühen Zeitpunkt verhindert möglicherweise, daß
solche - zunächst nicht offensichtliche - Vorteile genutzt werden
können.

Vernachlässigen des Data Dictionary

Ein Data Dictionary kann man sich als eine spezielle Datenbank
vorstellen, in der Informationen über die Daten der Hauptdatenbanken abgelegt sind (3). Manchmal wird der Ausdruck "Meta-Datenbank"
für eine solche "Datenbank der Datenbanken" verwendet. Wenn beispielsweise ein Unternehmen eine größere Anzahl von Satzarten,
Datenarten und Programmen benutzt, dient das Data Dictionary als
Instrument, das Satz-, Daten- und Programmnamen verwaltet und darstellt, welche Beziehungen zwischen den einzelnen Komponenten vorliegen. Ein Data Dictionary kann selbstverständlich auch im Umfeld
herkömmlicher DV-Systeme Verwendung finden. Auch die Ergebnisse der
besprochenen Datenanalyse können in einem Data Dictionary abgespeichert werden.

PROBLEME BEI SPEZIELLEN DATENBANKSYSTEMEN

Folgende Problembereiche können bei bestimmten Datenbanksystemen
auftreten:

o Unzureichende Strukturierungsmöglichkeiten

   Jedes Datenbanksystem hat Restriktionen, die den Systementwickler
   bei der Systemgestaltung einschränken. Die Möglichkeit, Strukturen zu definieren, hat großen Einfluß auf Auswahl und Arbeitsweise eines DBMS. Wenn eine gründliche Auswahlstudie zusammen mit
   einer Analyse der Anwendungsdaten durchgeführt wird, lassen sich
   Mängel bestimmter DB-Systeme leicht erkennen, die bei der Bewertung der verschiedenen Alternativen beachtet werden müssen.

o Verlängerung von Verarbeitungszeiten

Datenbanksysteme unterscheiden sich hinsichtlich ihrer Verarbeitungszeiten. Auch wenn die Datenbank "nach allen Regeln der
Kunst" innerhalb der eingeschränkten Strukturierungsmöglichkeiten
konzipiert worden ist, kann der Anwender dennoch Überraschungen
bei der Messung der Verarbeitungszeiten der Anwendungsprogramme
erleben.

Diese Problematik betrifft insbesondere Online-Systeme, bei denen
die Antwortzeiten des DV-Systems für jeden Anwender offensichtlich sind. Oft werden Datenbanken allein unter Beachtung der
folgenden Punkte konzipiert:

- Möglichst einfaches Programmieren;
- Logischer und funktional korrekter Aufbau der Datenbanken;
- Möglichst leichtes Bereitstellen gewünschter Ergebnisse.

Dieses Vorgehen impliziert, daß der Anwendungsprogrammierer nicht
wissen muß, welche Verarbeitungsschritte im Rechner ablaufen. Für
den Entwurf effizienter Programme muß der Programmierer aber auch
darüber Kenntnisse besitzen. Es muß beim Erwerb eines Datenbanksystems darauf geachtet werden, Mitarbeiter auch auf diesem Gebiet zu schulen, damit nicht höhere Verarbeitungszeiten bestehende Vorteile des Datenbanksystems einschränken.

o Schwierigkeiten, die gewünschte Datenunabhängigkeit zu erreichen

Das Ziel einer erhöhten Datenunabhängigkeit wird als einer der
Hauptgründe für den Erwerb eines Datenbanksystems angesehen.

Die meisten Anwendungssysteme bedürfen nach einer gewissen Zeit
der Erweiterung. Diese Erweiterungen können dazu führen, daß neue
Programme geplant und erstellt werden müssen, um die bestehende
Datenbank an die neuen Verhältnisse anzupassen. Normalerweise
stellt dies kein Problem dar. Die notwendigen Erweiterungen
können aber beispielsweise die Integration neuer Datenelemente in
die Datenbank verlangen. Es kann erforderlich werden, bestehende
Datenbankstrukturen zu modifizieren, neue Satzarten einzuführen
oder Relationen zwischen neuen und bestehenden Satzarten herzu-
stellen. Wenn das möglich ist, ohne die bestehenden Anwendungsprogramme zu verändern, kann man behaupten, daß das DBMS einen
hohen Grad an Datenunabhängigkeit besitzt.

Bei einigen Datenbanksystemen ist es jedoch nur sehr schwer
möglich - wenn nicht gar unmöglich - die Datenbanken zu modifizieren. Dem Aspekt der Datenunabhängigkeit sollte daher bei einer
vergleichenden Auswertung von alternativen Datenbanksystemen
besondere Aufmerksamkeit zuteil werden.

ZUSAMMENFASSUNG

Die wesentlichen Problembereiche bei der Installation eines Datenbanksystems können vermieden werden, wenn die folgenden Punkte
beachtet werden:

o Kompetenz des technischen Personals und angemessene Unterstützung
  des Projekts durch die Unternehmensleitung;

o Sorgfältige Analyse der Anwendungsdaten, bevor man die Bewertung
  der einzelnen zur Auswahl stehenden DB-Systeme in Angriff nimmt;

o Sorgfältige Bewertung aller Systeme und Data Dictionaries, bevor
  man sich zu einem bestimmten Datenbanksystem entschließt;

o Sinnvolle Auswahl einer Pilotanwendung für das neue DB-System,
  die nicht zu klein, aber auch nicht zu umfangreich sein darf.

Quellenangaben:

1. Nolan, R.L.: "Thoughts about the Fifth Stage", Data Base, Bd. 7,
   Nr. 2, 1975, S. 4-10.

2. Sibley, E.L.: "The Impact of Data Base Technologie on Business
   Systems", Proceedings IFIP 77 Congress, Toronto, Kanada 1977, S.
   589-596.

3. Plagman, Bernard K.: "Data Dictionary/Directory System - A
   Tool for Data Administration and Control", Portfolio 22-01-02,
   AUERBACH Data Base Management, Pennsauken NJ: AUERBACH
   Publishers Inc.

Literatur:

Gosline, W. George: "Data Independence in DBMS - Parts I and II",
   Portfolios 22-03-08 und 22-03-09, AUERBACH Data Base Management,
   Pennsauken NJ: AUERBACH Publishers Inc.

Nolan, R.L.: "Managing the Crisis in Data Processing", Harvard
   Business Review 57 (1979), S. 115 ff.

Szyperski, N.: "Strategisches Informationsmanagement im technischen
   Wandel, Fragen zur Planung und Implementierung von Informations-
   und Kommunikationssystemen", Angewandte Informatik 4/80,
   S.141 ff.

4 Der Datenbankentwurf

EINLEITUNG

Der Datenbankentwurf umfaßt alle Aktivitäten, die von der Untersuchung der Anwenderbedürfnisse bis zur endgültigen Bestimmung von Datenwerten auf physikalischen Einheiten reichen. Die erste Phase der Gestaltung – der logische Entwurf (1) – endet mit der formalen Beschreibung der einzelnen Datenfelder und deren Beziehungen in der Datenbank. Die zweite Phase – die physikalische Gestaltung (2) – bestimmt, wie die logische Datenbank (bzw. das Datenbankkonzept oder -schema) eine möglichst effiziente Speicherung und Verarbeitung erreichen kann (3). Im Verlauf dieser beiden Phasen sind eine Reihe von Entwurfsentscheidungen zu treffen. Entscheidungen in der einen Phase beeinflussen die Möglichkeiten in der anderen Phase. Wenn Irrtümer in einer der beiden Phasen unterlaufen oder den Entwicklern Kenntnisse über die Interdependenzen beider Phasen fehlen, werden vermutlich keine optimalen Ergebnisse erzielt werden.

Viele Unternehmen beginnen allmählich, die Bedeutung eines guten Datenbankentwurfs zu erkennen. Diese Unternehmen lösen sich zunehmend vom herkömmlichen Ansatz, der vorsieht, Dateien anzulegen, die speziellen Anwendungen dienen; stattdessen werden große, integrierte Datenbanken entwickelt, auf die mehrere Anwender gleichzeitig zugreifen können. Bei einer solchen Konstellation können Gestaltungsfehler schwerwiegende Folgen nach sich ziehen – nicht nur für Anwendungssysteme, sondern für jeden einzelnen Anwender, der gemeinsam mit anderen Anwendern auf die Datenbank angewiesen ist. Gestaltungsfehler können durch eine aufwendige oder ineffiziente Verarbeitung auch die Kostenseite nachhaltig beeinflussen, z.B. durch unnötige Überkapazitäten bei der Hardware, zu lange Dauer der Systementwicklung, häufig notwendiges Reorganisieren der Datenbank oder zahlreiche und umständliche Wartungsarbeiten an den Anwendungsprogrammen.

Unglücklicherweise werden in vielen Unternehmen Datenbanken ohne ausreichendes Wissen über die Datenbanktechnologie eingesetzt. Der Entwickler muß gelegentlich intuitiv oder aus Erfahrungen heraus, über die er aus Computeranwendungen ohne Datenbankeinsatz verfügt, Entscheidungen treffen. Fehler bei der Gestaltung der Datenbanken können dann vermieden werden, wenn man Effekte und Interdependenzen zwischen den Faktoren, die diese Entscheidungen beeinflussen, berücksichtigt. Zu diesem Zweck eignet sich eine Gegenüberstellung ber Einflußfaktoren, wobei oft direkt ersichtlich wird, daß bestimmte Einflußfaktoren einander zwingend ausschließen.

Zwei unterschiedliche Einflußfaktoren können bei der Datenbankgestaltung auftreten: allgemeine und ablaufbezogene Faktoren. Die allgemeinen Faktoren beziehen sich auf den vom Gestalter der Datenbank gewählten Weg zur Gesamtlösung. Diese Einflußfaktoren dienen als Richtschnur für die Auswahl verfügbarer Alternativen für die logische und physikalische Datenbankstruktur.

Die Gegenüberstellung der ablaufbezogenen Faktoren ermöglicht die spezielle Auswahl sowohl einer angemessenen Strategie zur Gestaltung der Datenbank, als auch der geeigneten Struktur der Datenbank. Der Gestalter wird die Ergebnisse der Gegenüberstellung als mögliche Alternativen auffassen und für die Planung der Implementierungsphase nutzen.

ALLGEMEINE FAKTOREN

Der Datenbankgestalter muß sich über die im folgenden Abschnitt diskutierten Faktoren Klarheit verschaffen. Zusätzlich kann er sich während der Gegenüberstellung der Faktoren Kenntnisse über die generelle Eignung der sich anbietenden Gestaltungsalternativen verschaffen. Eine endgültige Entscheidung kann allerdings nur unter Berücksichtigung der bewerteten ablaufbezogenen Faktoren getroffen werden.

Spezialisierung versus Generalisierung

Der herkömmliche Ansatz der Dateigestaltung konzentriert sich in vollem Umfang auf die Anforderungen der jeweiligen Anwendung. Daten, die in mehr als einer Anwendung bearbeitet werden sollen, werden bisher eher redundant gespeichert, als im gemeinsamen Zugriff verarbeitet. Darüber hinaus werden die Speicher- und Zugriffsmöglichkeiten in der Regel allein analog zu den Anforderungen des Hauptbenutzers ausgelegt.

Wenn man in einer Datenbankumgebung die Daten als Produktionsfaktoren des Unternehmens ansieht, folgt daraus, daß die Datenbank zu einer "Lagerstelle für Daten" wird, die grundsätzlich von allen Anwendern genutzt werden kann. In diesem Zusammenhang erweisen sich anwendungsorientierte Darstellungen oder Implementierungen als ungeeignet. Das Ermitteln von Kosten- und Leistungsdaten kann sich als problematisch erweisen. So kann für das gesetzte Gesamtziel ein Optimum erreicht worden sein, während viele (Teil-)Anwendungen nur suboptimale Ergebnisse aufweisen.

Umfang der erforderlichen Analyse

Angesichts der nachhaltigen Konsequenzen eines ineffizienten Datenbanksystems ist ein Minimum an Analysearbeit unabdingbar. Allerdings sollte der in eine solche Analyse eingehende Arbeitsaufwand und die aus der Analyse maximal zu erzielenden Vorteile schon ex ante gegeneinander abgewogen werden.

Anwendungs- und Konfigurationserfordernisse

Unter Berücksichtigung der Erfordernisse für die Struktur und Anwendung der Datenbank einerseits und der Möglichkeiten des Datenbankverwaltungssystems sowie der verfügbaren Zugriffsmethoden und Datenspeichergeräten andererseits muß der Entwickler der Datenbanken versuchen, einen Kompromiß zwischen den Möglichkeiten der DBMS-Konfiguration und den Anforderungen, die von den Anwendungen gestellt werden, zu finden. Die Konfiguration sollte die Anwenderanforderungen erfüllen können, ohne unnötige Überkapazitäten oder ungenutzte Kapazitäten aufzuweisen.

Zukunftsorientierte Planung

Der Datenbankgestalter sollte versuchen, die Datenbank so aufzubauen, daß dieser Aufbau längerfristig beibehalten werden kann. Dazu muß der Gestalter die "Lebenserwartung" der Datenbank ebenso wie aktuelle oder sich abzeichnende Trends bei DBMS-Software und bei Speichergeräten abschätzen. So sollten beispielsweise Speicher- und Zugriffsmöglichkeiten neuer technischer Entwicklungen und neuartige Strukturierungskonzepte nicht übersehen werden.

ABLAUFBEZOGENE FAKTOREN

Sowohl im Rahmen der logischen als auch während der physikalischen Gestaltungsphasen sind ablaufbezogene Faktoren zu analysieren. In der logischen Gestaltungsphase sind Entscheidungen in bezug auf die Strategien und Instrumente zur Entwicklung der logischen Datenbank zu treffen. Alternativen im Rahmen der Datenbankimplementierung sind während der physikalischen Gestaltungsphase Gegenstand der Überlegungen. Bestimmte ablaufbezogene Faktoren ergeben sich aus den Wechselwirkungen zwischen logischer und physikalischer Gestaltung.

1. Der logische Entwurf

Die logische Gestaltungsphase beginnt mit der Analyse der Anwenderbedürfnisse und endet mit der logischen Beschreibung der Datenbank,
die diesen Bedarf erfüllen kann. Bei der logischen Konstruktion
wird nicht untersucht, wie die Daten intern verarbeitet werden –
diese Aufgabe wird während der physikalischen Gestaltungsphase
erledigt.

Die Phase der logischen Gestaltung kann in vier Teilphasen untergliedert werden (1):

o Analyse der Anforderungen;
o Erstellung eines Datenmodells;
o Integration der Datensichten;
o Entwicklung der logischen Datenbankstruktur.

Diese Untergliederung wird in Abbildung 4.1 noch einmal verdeutlicht.

Die Analyse der Anforderungen ermittelt die Anwenderbedürfnisse.
Diese werden als abstraktes, formelles Datenmodell formuliert, das
die Benutzerumgebung so realistisch wie möglich abbilden soll. Da
die Datenbank von mehreren Anwendern eingesetzt werden soll, von
denen im Extremfall jeder eine andere Sicht auf die Daten benötigt,
müssen mehrere Sichtweisen auf die Daten in einem umfassenden
Datenmodell berücksichtigt werden. Dieses globale Datenmodell muß
dann in eine vom Datenbanksystem abhängige Darstellung überführt
werden.

Die Entscheidungen im Rahmen der logischen Gestaltung haben unmittelbare Auswirkungen darauf, wie Daten zu sammeln und zusammenzustellen sind, um die Anforderungen der Benutzer zu erfüllen. Der
Gestalter muß in diesem Zusammenhang mehrere Einflußfaktoren einander gegenüberstellen und bewerten.

Anwendungsorientierte versus globale Modellkonstruktion

Zwei Aufgaben im Rahmen des logischen Entwurfs – Erstellung des
Datenmodells und Integration der Datensichten – versuchen, die
Sicht des Anwenders oder der Anwendung nachzubilden und diese
separaten Sichtweisen in ein globales Modell zu integrieren, das im
Idealfall allen Anwendern Rechnung trägt. Obwohl dieses Vorgehen
das Zusammenstellen der Anforderungen und die Entwicklung der Modelle vereinfacht, bietet es keine Garantie dafür, daß sich die
separaten Sichtweisen in ein praktikables Gesamtmodell überführen
lassen. Weil die vollständige Entwicklung der Datenbank nicht zu
einem einzelnen Zeitpunkt erfolgt, sondern im Zeitablauf vor sich
geht (insbesondere, wenn Anwendungen sukzessive hinzugefügt wer-

den), kann Inkompatibilität der Anwendungsmodelle einen aufwendigen Neuentwurf der Datenbank unumgänglich machen.

Um dieses Problem zu vermeiden, kann der Gestalter zu Beginn ein globales Modell erstellen und Einzelanwendungen dann als Subsysteme der Globalanwendung definieren. Um diese Globalanwendung erstellen zu können, muß allerdings auch eine Globalanalyse vorgenommen werden. Dadurch steigt die Komplexität sowie der Bedarf an Zeit und sonstigen Ressourcen. Weiterhin kann der von der Implementierung der Datenbank erwartete Nutzen erst zeitverzögert realisiert werden, weil keine Einzelanwendung einsetzbar ist, bevor nicht die gesamte Datenbank vollständig erarbeitet worden ist.

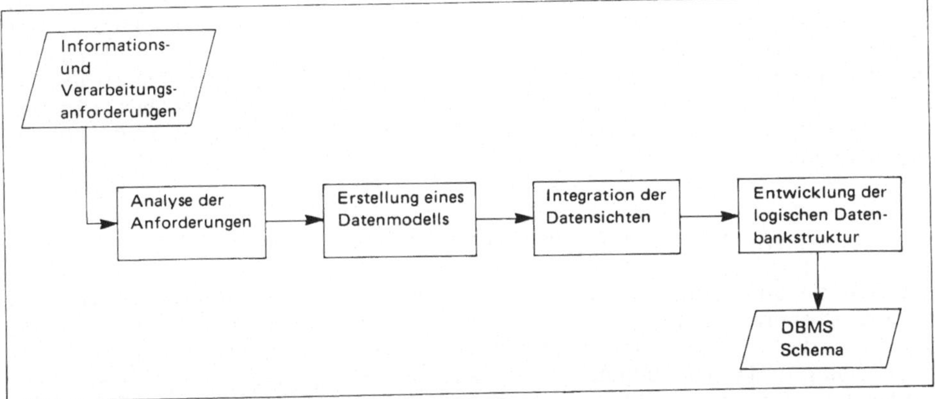

Abbildung 4.1: Der logische Entwurf

Die meisten Datenbankgestalter halten einen Kompromiß, bei dem ein generalisiertes Modell erstellt wird, das als Leitfaden während der Spezifikation der Einzelmodelle dient, für die Lösung dieses Problems (5). Dieser Ansatz reduziert die Wahrscheinlichkeit für Inkompatibilität, ohne in außergewöhnlichem Maße die Kosten oder die Komplexität des Gestaltungsprozesses zu erhöhen.

Wahl eines Verfahrens

Es existieren mehrere Verfahren für die Erstellung von Datenmodellen, die jeweils Möglichkeiten für die Darstellung von Dateneinträgen und Relationen enthalten (6). Bei der Wahl eines solchen Verfahrens gilt: je stärker anwenderorientiert vorgegangen wird (z.B. je leichter es ist, das Modell darzustellen und zu interpretieren), desto weniger präzise und vollständig ist das Ergebnis. Daher müssen stark anwenderorientierte Modelle erweitert und. überprüft werden, bevor sie in ein DBMS-Konzept umgesetzt werden können.

Verarbeitungsorientierte versus datenorientierte Gestaltung

Der herkömmliche Ansatz für die Dateigestaltung berücksichtigt eher Verarbeitungsanforderungen als Datenanforderungen. Es werden verstärkt Datenelemente berücksichtigt, die bei der Verarbeitung erforderlich waren und ihre Anordnung wurde so gewählt, daß eine effiziente Verarbeitung gewährleistet ist. Auch wenn die ausschließliche Anwendung dieses Ansatzes in einer Datenbankumgebung ungünstig ist, ist noch nicht geklärt, inwieweit Verarbeitungsanforderungen auf die Gestaltung von Datenbanken Einfluß haben sollten.

In diesem Zusammenhang ist ein Kompromiß zwischen Vollständigkeit und Angemessenheit zu finden. Eine vollständige Datenbank muß alle Informationen, die das Unternehmen betreffen, umfassen. Damit ist eine vollständige Datenbank auch flexibel (d.h. sie kann alle gegenwärtigen und zukünftigen Anforderungen erfüllen), allerdings um den Preis einer sehr umfangreichen Datensammlung. Eine Datenbank, die verarbeitungsorientiert gestaltet wird, enthält im wesentlichen Daten, die eine effiziente Verarbeitung nicht beeinträchtigen.

DBMS-abhängige versus DBMS-unabhängige Gestaltung

Die Frage, wann das Datenbanksystem selbst in den Gestaltungsprozeß einzubeziehen ist, stellt eine der wichtigsten Fragen an den Gestalter dar. Ein weitverbreiteter Glaube ist, daß zur Effizienzsteigerung die logischen Konstrukte des DBMS schon sehr früh miteinbezogen werden sollten. Auf diese Weise würden speziell die für das DBMS-Schema erforderlichen Informationen gesammelt. Ein Datenmodell, ausgedrückt in den Konstrukten eines DBMS, kann aber nicht ohne erheblichen Aufwand in die Konstrukte eines anderen DBMS umgesetzt werden. Zu diesem Zweck sind zusätzliche Analysen und zusätzlicher Aufwand bei der Gestaltung erforderlich, wenn sich die Softwareumgebung ändert. Darüber hinaus prägt jedes DBMS den zu verarbeitenden Daten seine eigene logische Sicht auf und schreibt die Anordnung und Struktur der Daten vor. Ein Gestalter, der sich zu früh auf eine Sicht durch die Auswahl eines konkreten DBMS festlegt, läuft Gefahr, Darstellungsmöglichkeiten von Daten außer acht zu lassen, die dieser vorzeitig ausgewählten DBMS-Darstellung langfristig überlegen sind.

2. Der physikalische Entwurf

Die Phase der physikalischen Gestaltung beginnt mit dem logischen
Konstrukt, das die Anwenderanforderungen darstellt und Informationen über Verarbeitungsanforderungen enthält. Daraus ergibt sich ein
Plan für die physikalische Implementierung der Datenbank. Auch die
physikalische Gestaltungsphase kann in vier Teilphasen untergliedert werden:

o Auswahl und Festlegen der Datendarstellung;
o Auswahl und Festlegen der Zugriffsmethoden;
o Zuordnung von Daten auf Geräte;
o Laden und Reorganisieren der Datenbanken.

Diese Teilphasen werden in Abbildung 4.2 dargestellt.

Jedem Datenelement wird zunächst ein Datentyp und eine Größe zugewiesen; mit Hilfe einer Datenbeschreibungssprache (DDL = Data De-
scription Language) wird die Dokumentation erstellt. Anschließend
sind die Zugriffsmethoden zu bestimmen. Jedem Datenelement, jedem
Datensatz und jeder Datei wird ein Speichergerät zugewiesen (5);
diese Zuweisungen erfolgen über die Geräte- und Medienkontrollspra-
che des DBMS (DMCL = Device Media Control Language). Schließlich
liest der Datenbankgestalter die Daten in die Datenbank ein und
bereitet sich darauf vor, Entscheidungen für die physikalischen
Aspekte der Datenbank gegebenenfalls zu überarbeiten, sofern Änderungen in den Daten oder in der Verarbeitung dies wünschenswert
erscheinen lassen.

Die Datenverteilung

Der Zugriff auf Daten, die auf Sekundärspeichermedien abgelegt
sind, kann dann effizient sein, wenn gemeinsam benutzte Daten in
enger physikalischer Nähe gespeichert werden. Das sogenannte
"Blocken" erhöht die Wahrscheinlichkeit, daß die in einem Zugriff
in den Hauptspeicher übertragenen Datenblöcke mehr als einen der
benötigten Datensätze enthalten. Wenn eine Vielzahl von Blöcken in
den Hauptspeicher übertragen werden muß, kann die Ein-/Ausgabezeit
minimiert werden, wenn der Zugriff so gesteuert wird, daß er auf
benachbarte Spuren in einem Zylinder des Plattenspeichers oder
zumindest auf benachbarte Zylinder erfolgt.

Das größte Problem in diesem Zusammenhang besteht darin, daß die
optimale Anordnung der Daten wahrscheinlich bei jeder (Teil-)An-
wendung differiert. Der Datenbankgestalter muß die Datenverteilung
unter Berücksichtigung von Anwendungsprioritäten planen, wobei
Minimalanforderungen für ein akzeptables Betriebsverhalten bei
jeder Anwendung zu beachten sind.

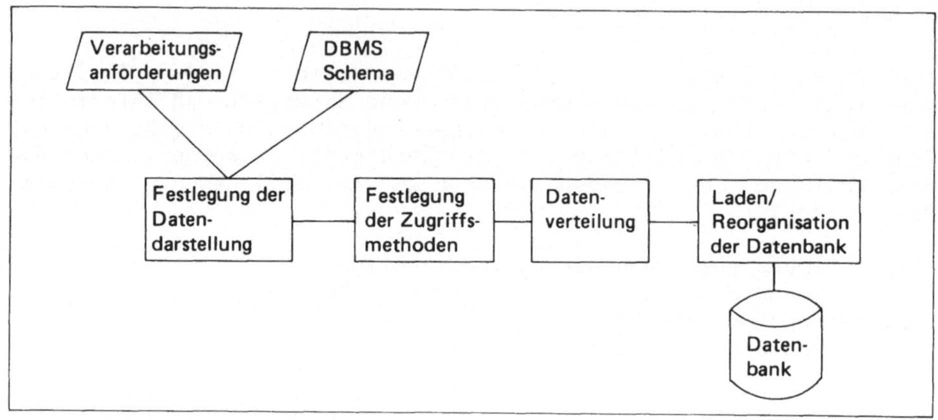

Abbildung 4.2: Der physikalische Entwurf

Die Zugriffsmethode

Viele Datenbanksysteme bieten dem Gestalter mehrere Zugriffsmethoden für die Dateien in der Datenbank. Bei der Auswahl einer Zugriffsmethode muß der Gestalter überlegen, ob er Speichereffizienz
und Einfachheit der Zugriffsmethode gegen Flexibilität und Zu-
griffsgeschwindigkeit eintauschen will. Zugriffsmethoden mit mini-
malem Speicherbedarf und Verwaltungsaufwand (z.B. die sequentielle
Zugriffsmethode) haben einschränkende Effekte auf die Lage der
Daten (z.B. den Zwang zu einer physikalischen oder logischen Aufei-
nanderfolge der Datensätze) oder ihre Verarbeitung (z.B. kein di-
rekter Zugriff auf Datensätze oder keine Änderungen von Datensätzen
ohne Umspeichern der Datei). Methoden, die einen flexiblen und
direkten ·Zugriff erlauben (z.B. indizierte oder invertierte
Listen), erfordern zusätzlichen Speicherplatz (z.B. für Pointer
oder Indizes) und komplexere Verarbeitungsvorgänge (z.B. bei Da-
teiüberlauf oder beim Einfügen oder Löschen von Datensätzen).

Redundanz versus Effizienz

Obwohl minimale Redundanz ein Hauptziel des Einsatzes von Daten-
banken ist, kann mit der gegenwärtigen Software und Hardware ein
gewisses, kontrolliertes Maß an Redundanz erforderlich und zur
effizienten Verarbeitung wünschenswert sein. Ein Datenelement wie
ARTIKEL-TEXT (siehe Abbildung 4.3) sollte ein einziges Mal in der
Datenbank gespeichert werden – sinnvollerweise zusammen mit anderen
Attributen des Artikels, der dadurch beschrieben werden soll. Eine
Bestellung, die sich auf dieses Produkt bezieht, kann etwa die
Artikelnummer enthalten, während die Artikelbezeichnung nicht ge-
speichert wird. Eine doppelte Speicherung von ARTIKEL-TEXT als

Attribut einer Bestellung kann aber so viele Ein-/Ausgabevorgänge
ersparen, daß die zusätzlichen Kosten für Speicherplatz, die durch
die redundante Speicherung verursacht werden, aufgewogen werden.
Der Gestalter der Datenbank muß diesen Sachverhalt für jede einzelne Anwendung berücksichtigen und sicherstellen, daß leistungsfähige
Kontrollmechanismen Platz greifen, um die Konsistenz bei mehrfacher
Speicherung desselben Datenelementes zu garantieren. Um das bereits
erwähnte Beispiel heranzuziehen: eine Änderung der Artikeldaten,
die ARTIKEL-TEXT betreffen, muß zu entsprechenden Änderungen bei
allen Bestellungen des jeweiligen Artikels führen.

Datenkomprimierung

Die Komprimierung von Daten spart Speicherplatz. Besonders wichtig
ist diese Ersparnis in Verbindung mit Zugriffsmethoden (z.B. invertierte Listen), die die Datenbank zusätzlich mit zahlreichen Ver-
waltungsinformationen belasten. Der Ersparnis an Speicherplatz muß
die zusätzliche Verarbeitungszeit gegenübergestellt werden, die
beispielsweise für die Kodierung bzw. Dekodierung der Datenelemente, die in die Datenbank eingefügt oder gelöscht werden, erforderlich ist.

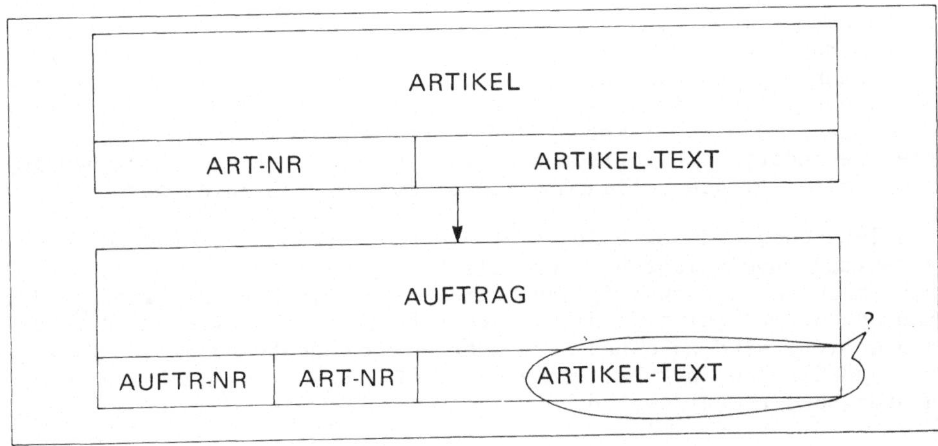

Abbildung 4.3: Redundanz versus Effizienz: Soll die Artikelbezeichnung doppelt gespeichert werden?

3. Wechselwirkungen   zwischen logischer und physikalischer Datenbankgestaltung

Obwohl die logische und physikalische Gestaltung der Datenbank zwei
unterschiedliche Phasen des Gestaltungsprozesses sind, beeinflussen
sie sich doch gegenseitig. Der Gestalter muß wissen, wie diese
Wechselwirkungen die Datenbankstruktur und die Implementierung der
Datenbank beeinflussen können.

Beschränkungen der physikalischen Gestaltung

Im Idealfall sind die Konstrukte, die das logische Schema einer
Datenbank darstellen, unabhängig von Details der Implementierung.
Die meisten kommerziellen Datenbanksysteme werden diesem Ideal
jedoch nicht gerecht. Die Konstrukte, die Gruppen von in Beziehung
stehenden Datenelementen darstellen (z.B. Datensätze oder Segmente), sind in der Realität physikalisch gespeicherte Datensätze.
Darüber hinaus bestehen definierte Relationen in der Realität aus
Zugriffspfaden, und in manchen Fällen wird die Datenverteilung im
Datenbankschema spezifiziert. Falls diese Art von Überlappung auftritt, verfügt der physikalische Gestalter nur über eine einge-
schränkte Flexibilität bei der Auswahl der Implementierungsmetho-
den.

Einfluß der Verarbeitungszeiten auf die logische Gestaltung

Besorgnis um das Leistungsverhalten der Datenbankanwendung kann
Beschränkungen des logischen Aufbaus nach sich ziehen. Möglicherweise entschließt sich der Gestalter dazu, nur solche Instrumente
und Konstrukte des DBMS einzusetzen, für die schnelle Zugriffe
gesichert sind. Beispielsweise könnte ein IMS – Gestalter die meisten Sichten auf die Datenbank als unabhängige (physikalische) Datenbanken auslegen und sich dagegen entscheiden, die vom IMS gebo-
tenen Möglichkeiten, eine logische Sicht einzurichten, die zwei
oder mehr Datenbanken einschließt, zu nutzen. Unglücklicherweise
verhindert die Beeinflussung der logischen durch die physikalische
Gestaltung die Realisierung der Vorteile der Datenunabhängigkeit;
sie behindert den logischen Entwurf und hindert den Anwendungsprogrammierer, die vollen Möglichkeiten des DBMS zu nutzen.

Die Tatsache, daß sich logische und physikalische Gestaltung wech-
selseitig beeinflussen, resultiert offenkundig ebenso aus den
Schwächen der gegenwärtig erhältlichen Datenbanksysteme wie aus den
Schwächen der Speichermedien. Jeder Fortschritt auf einem der beiden Gebiete wird zu einer verbesserten Datenunabhängigkeit führen,
so daß die hier beschriebenen Problemfaktoren nach und nach in den
Hintergrund rücken werden.

ZUSAMMENFASSUNG

Die in diesem Kapitel untersuchten Faktoren haben Einfluß auf die
Gestaltungsphasen (s. Abbildung 4.4). Die allgemeinen Faktoren
beeinflussen den gesamten Prozeß der Datenbankgestaltung; die ablaufbezogenen Faktoren sind in den analytischen Schritten von Bedeutung.

Während der Formulierung von Alternativen kann die Gegenüberstellung der allgemeinen Faktoren vom Gestalter der Datenbank auf drei Arten vorgenommen werden:

o Setzen von angemessenen Obergrenzen in bezug auf den Verbrauch von Ressourcen (z.B. Personal, Zeit, Finanzmittel) während des Gestaltungsprozesses.

o Vorgeben von Richtlinien für das Treffen konkreter Auswahlentscheidungen - beispielsweise wird ein Gerät abgelehnt, wenn eine gewünschte Eigenschaft fehlt.

o Unterstützung bei der Entwicklung von Akzeptanzstandards, die für die Auswertung ablaufbezogener Faktoren herangezogen werden können. Beispielsweise kann man von einem akzeptablen Entwurf einer Datenbank erwarten, daß auf Daten aus einem Zeitraum von fünf Jahren zugegriffen werden kann.

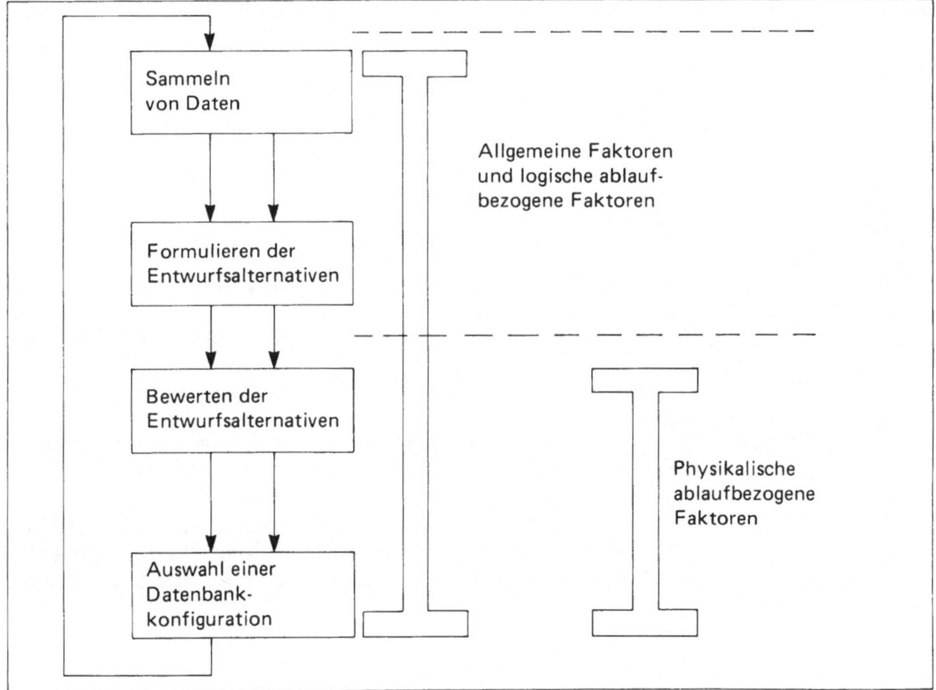

Abbildung 4.4: Allgemeine und ablaufbezogene Faktoren im Datenbankgestaltungsprozeß

Die Gegenüberstellung der ablaufbezogenen Faktoren bei der logischen Gestaltung vermittelt dem Gestalter einen logischen Gestaltungsansatz und Werkzeuge für die Spezifizierung von Anforderungen an die Daten. Der gewählte Ansatz definiert den Rahmen des logischen Gestaltungsprozesses sowie Art und Umfang der Daten, die während dieser Phase gesammelt werden.

Im Idealfall müßte es dem Gestalter der Datenbank ermöglicht werden, die ablaufbezogenen Faktoren auf diversen physikalischen Konfigurationen schrittweise zu testen. Parameter für die Gestaltung müßten ungehindert geändert werden dürfen und die Auswirkungen der Änderungen ausgewertet werden. Der Gestalter sollte darüber hinaus imstande sein, die Ergebnisse der Auswertung einer gegebenen Datenbank zu klassifizieren (z.B. indem er verschiedene Einschränkungen und Alternativen bei der Gestaltung auf verschiedene Teile der Datenbank anwendet). Ein guter Weg, um eine systematische Auswertung dieser Art zu betreiben, besteht darin, die Datenbank zu simulieren oder als Modell darzustellen (7).

Die Auswertung der ablaufbezogenen Faktoren jedes alternativen Gestaltungskonzepts sollte zu einer oder mehreren Gestaltungsformen führen, die das gewünschte Akzeptanzniveau erreichen. Erreicht nur eine einzige Konfiguration dieses Niveau, ist das Auswahlproblem bereits gelöst. Andernfalls ist eine Entscheidung zwischen den verbleibenden Möglichkeiten erforderlich. Der Gestalter kann sich in einem solchen Fall wieder der Kriterien bedienen, die bei den allgemeinen Faktoren beschrieben wurden, um die endgültige Auswahl zu treffen.

Quellenangaben:

1. Yao, S.B., Navathe, S.B. und Weldon, J.L.: "An Integrated Approach to Logical Data Base Design", Proceedings of the NYU Symposium on Data Base Design, New York, 1978.
2. Martin, J.: "Computer Data Base Organization", Englewood Cliffs NJ: Prentice-Hall Inc, 1975.
3. Date, C.J.: "An Introduction to Database Systems", Reading MA: Addison-Wesley, 1977.
4. Weldon, J.L.: "Data Base Administration", New York: Plenum Publishing Co, 1981.
5. ANSI/X3/SPARC Study Group on Data Base Management Systems, Seattle WA: Interim Report 75-02-08, ACM FDT Bd. 7, Nr. 2, 1975.
6. Wiederhold, G.: "Database Design", New York: Mc Graw-Hill, 1977.
7. Weldon, J.L.: "Data Storage Decisions for Large Data Bases", Springfield VA: NTIS Publication Nr. AS/A-023874, US-Department of Commerce, Februar 1976.

5 Systementwicklung in einer Datenbankumgebung

EINLEITUNG

In den siebziger Jahren entwickelte sich die Datenbanktechnologie. Im Gegensatz zu den Anfängen, als sich Datenbanksysteme nicht zuletzt durch eine hohe Anfälligkeit für Softwarefehler auszeichneten, erweisen sie sich in der heutigen Zeit als vergleichsweise fehlerarm und betriebssicher. Instrumente zur Unterstützung der Systementwicklung und des Betriebs von Informationssystemen fanden ebenfalls weitere Verbreitung. Datenbanksysteme werden inzwischen auch immer weniger nur als besseres Zugriffsinstrument genutzt, sondern in zunehmendem Umfang als integraler und notwendiger Bestandteil der betrieblichen Datenverarbeitung angesehen.

Dieses Kapitel definiert den Begriff "Datenbankumgebung" und beschreibt die Auswirkungen des Datenbankgedankens auf die Systementwicklung. Da die Systementwicklung in zunehmendem Maße anstrebt, Daten parallel von verschiedenen Anwendungen bearbeiten zu lassen, wird in diesem Kapitel diesem Aspekt besondere Aufmerksamkeit gewidmet. Ein weiteres Schwergewicht wird auf der Verwendung von Data-Dictionary-/Directory-Systemen (DD/DS) liegen, weil diese Werkzeuge wichtige Hilfsmittel für die Entwicklung von DV-Systemen sind und eine bessere Kontrolle der Systementwicklungsprojekte ermöglichen.

Es wird ferner der Einfluß eines technischen Bereichs (der Datenbanktechnologie) auf einen organisatorischen Vorgang (die Systementwicklung) beschrieben. In diesem Zusammenhang ist allerdings nicht beabsichtigt, technische Einzelheiten herauszuarbeiten, sondern sich auf die Gebiete zu konzentrieren, die das Management der Systementwicklung betreffen. Im einzelnen werden folgende Themen angesprochen:

o Die Aufgaben der Systementwicklung;
o Die Komponenten einer Datenbankumgebung;
o Die Auswirkungen dieser Umgebung auf die Systementwicklung;
o Die im Rahmen von Kontrolle und Steuerung während der Systementwicklung anfallenden Aufgaben.

AUFGABEN DER SYSTEMENTWICKLUNG

Die Abteilung "Systementwicklung" ist zuständig für die Entwicklung von Softwareprojekten, die die Gestaltung, Implementierung und
Wartung von Informationssystemem umfassen und die den Bedürfnissen
der Anwender gerecht werden müssen. In der Regel ist dieser Teil-
bereich der DV-Abteilung direkt dem DV-Hauptabteilungsleiter unterstellt. Eine Vielzahl von Entwicklungsprojekten kann von dieser
Abteilung kontrolliert werden. Es wird im folgenden unterstellt,
daß im Rahmen der Systementwicklung mindestens zwei Anwendungsent-
wicklungen parallel durchzuführen sind.

Die grundlegenden Aufgaben und Ziele der Systementwicklung stehen
fest und sind von der jeweils eingesetzten Technologie, die für die
Implementierung des Informationssystems herangezogen wird, unabhängig. Es gilt, die Ressourcen so einzusetzen und ihren Einsatz so zu
lenken, daß das Unternehmen durch das Informationssystem einen
möglichst hohen Nutzenzuwachs erzielen kann. Dazu gehören das korrekte, konsistente, vollständige und rechtzeitige Bereitstellen der
von den Anwendern gewünschten Informationen. Dieses Ziel muß unter
Beachtung der Nebenbedingung begrenzter Zeit-, Geld- und Personal-
budgets angestrebt werden.

Während die Aufgaben und Ziele der Systementwicklung nicht vom
Einsatz einer bestimmten Technologie abhängen, wird die Art und
Weise, wie das Personal der Abteilung Systementwicklung seine Aufgaben und Pflichten erfüllen kann, sehr wohl vom Einsatz einer
bestimmten Technologie beeinflußt. In einer Datenbankumgebung
müssen bestimmte Aspekte besonders beachtet werden. Die Koordination zahlreicher Aufgaben sowie das Einbringen technischen
Fachwissens in bestimmte Phasen der Systementwicklung gewinnen
zunehmend an Bedeutung.

Die nachfolgende Beschreibung einer Datenbankumgebung wird sich als
sehr nützlich zur Verdeutlichung der Auswirkungen eines Datenbankeinsatzes auf die Systementwicklung erweisen.

KOMPONENTEN EINER DATENBANKUMGEBUNG

Eine Datenbankumgebung kann definiert werden durch

o die Informationssysteme, die durch die Datenbank unterstützt
  werden;
o die eingesetzten Hardware- und Softwarekomponenten, die für den
  Aufbau und die Wartung der Datenbank benötigt werden;
o die administrativen Komponenten, die den Einsatz der Datenbank
  unterstützen (z.B. Verfahren für Datenschutz und Datensicherheit).

Rechnergestützte betriebliche Informationssysteme in einer Datenbankumgebung greifen auf gemeinsam genutzte Informationen mehrerer
Arbeitsgebiete mittels einer Datenbank zu, wodurch Datenkorrektheit
und -konsistenz verbessert werden. Bei Verwendung einzelner Dateien
(anstelle einer Datenbank) zur Bearbeitung von Kundeninformationen
(z.B. in einem Kreditinstitut) können Datenredundanz und -inkonsi-
stenz die Folge sein (siehe Abbildung 5.1). So sind in unserem
Beispiel sechs Dateien zu bearbeiten und zu warten, in denen die
Kundendaten einer Bank gespeichert sind. Man kann sich leicht
vorstellen, daß die Kundenstammdaten (z.B. Name, Adresse) mehrfach
(und damit redundant) gespeichert werden, wenn ein Kunde mehrere
Leistungen der Bank in Anspruch nimmt - etwa dann, wenn er sowohl
über Spar- und Girokonten verfügt als auch ein Wertpapierdepot bei
der Bank unterhält. Auswertungen dieser sechs Datenbestände, die
möglicherweise auch noch von verschiedenen Projektteams gewartet
werden, sind erheblich schwieriger, als die Bearbeitung einer integrierten Datenbank, in der alle Daten zur Verfügung stehen (siehe
Abbildung 5.2). Dann müssen Kundenstammdaten in der Regel auch nur
einmal abgespeichert werden, wodurch sich wiederum der Änderungsbe-
darf reduzieren läßt.

Eine Datenbankumgebung gliedert sich in fünf grundlegende Komponenten:

o Die Datenbank - eine Sammlung von Daten, logisch so organisiert,
  daß sie (im Idealfall) universellen Ansprüchen jedes beliebigen
  Datenbankbenutzers gerecht werden kann;

o Das Datenbankverwaltungssystem (DBMS) - ein DV-System, bestehend
  aus Hardware und Software, das die Verwaltung aller Daten vornimmt, so daß die Datenorganisation, der Datenzugriff und die
  Steuerung der Daten einheitlich abgewickelt werden können;

o Das Data-Dictionary-/Directory-System (DD/DS) - die zentrale
  Sammlung der Informationen über die Datenbank selbst und über die
  bearbeiteten Daten;

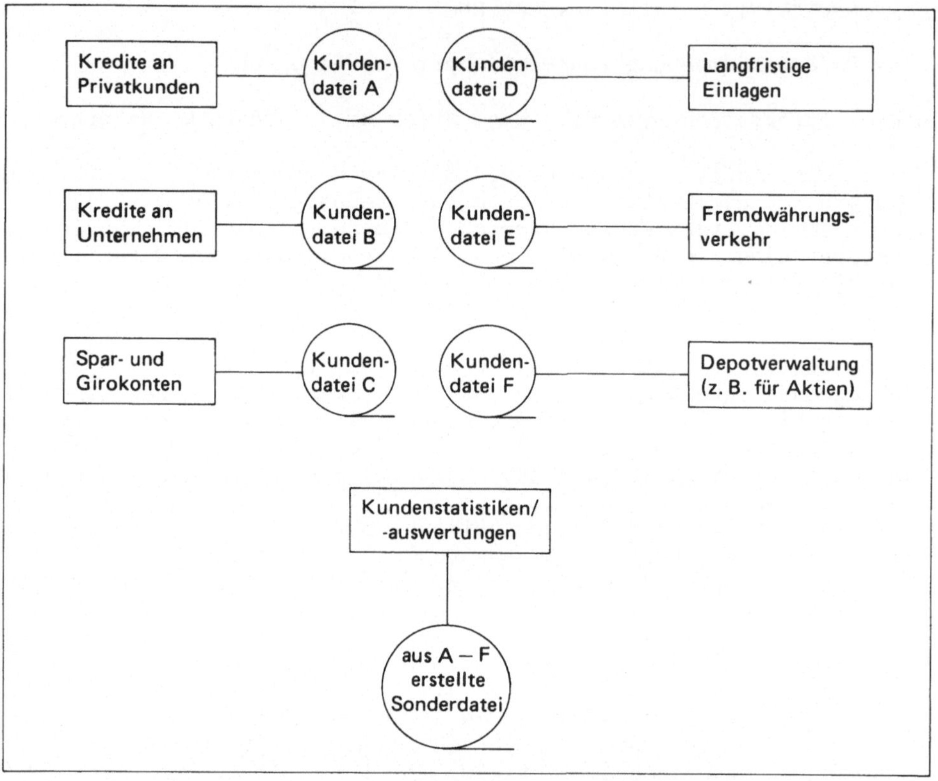

Abbildung 5.1: Informationssysteme einer Bank (Herkömmliches Verfahren)

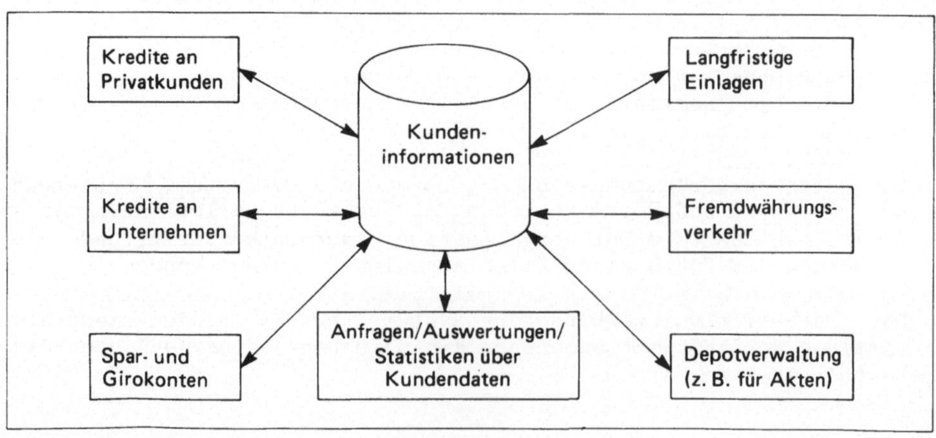

Abbildung 5.2: Informationssysteme unter Einsatz einer Datenbank

o Die Schnittstellen zum Anwendungssystem – Funktionen, die Daten
  abrufen, löschen, ergänzen und modifizieren können, mit dem Ziel,
  sie in anwendungsgerechte Informationen zu überführen;

o Die Datenbankverwaltung – eine an Personen gebundene Aufgabe, die
  die Koordination und Steuerung aller datenbezogenen Vorgänge umfaßt.

Die ersten vier Punkte umfassen Hardware- und/oder Softwarekomponenten, der fünfte Punkt ist eine von der DV-Abteilung wahrzuneh-
mende Verwaltungsaufgabe. Abbildung 5.3 illustriert die Architektur
der Datenbankumgebung und erläutert die Interdependenzen zwischen
den fünf Komponenten. Das Zusammenspiel zwischen Datenbank-, Be-
triebs- und Anwendungssystem geht aus Abbildung 5.4 hervor.

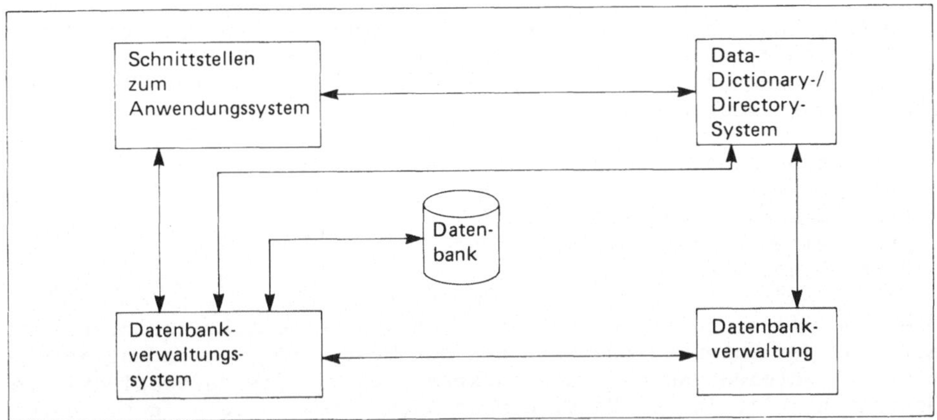

Abbildung 5.3: Komponenten einer Datenbankumgebung

Es ist wichtig, daß die Komponenten der Datenbankumgebung eine
Vielzahl logischer Sichten auf eine einzige physikalische Darstellung von Daten ermöglichen. Diese Bedingung, die auch für die
gemeinsame Nutzung der gleichen Daten für verschiedene Anwendungen
unerläßlich ist, wird erfüllt, wenn Datenunabhängigkeit vorliegt.

Auf der Ebene der Anwendungsprogramme wird jedes einzelne Programm
mit einer Beschreibung seiner eigenen logischen Sicht auf die Daten
ausgestattet. Das DBMS verfügt über eine Beschreibung aller Daten,
um alle möglichen logischen Sichten bedienen zu können. Weiterhin
verfügt es über eine Beschreibung der physikalischen Darstellung
der Daten in bezug auf Speicherung und Zugriffsmethoden. Es
existieren demnach eine Reihe separater, aber konsistenter Defini-

tionen, die die vielfachen logischen Sichten ebenso beschreiben wie
die elementaren physikalischen Darstellungen beim gemeinsamen
Zugriff auf Daten von seiten verschiedener Anwendungsprogramme.

AUSWIRKUNGEN AUF DIE SYSTEMENTWICKLUNG

Der Einfluß einer Datenbankumgebung auf die Systementwicklung hängt
vom Umfang ab, in dem Daten im gemeinsamen Zugriff bearbeitet
werden sollen. Je mehr Daten gemeinsam verarbeitet werden sollen,
desto tiefgreifender wird der Einfluß im Zeitraum der Entwicklung
von Softwareprojekten.

Die Entwicklung eines Softwareprojekts

Über den Entwicklungszeitraum verteilt ergeben sich vielfältige
Möglichkeiten, um die anfallenden Aufgaben zu steuern und zu kontrollieren. Dazu erfolgt eine Strukturierung der Projekte in mehrere Arbeitsvorgänge, die wiederum gegliedert sind in Phasen, Aktivitäten, Aufgaben und gegebenenfalls noch kleineren Einheiten. Eine
Datenbankumgebung beeinflußt die Entwicklung auf der Ebene der
Phasen. Wir unterscheiden die folgenden fünf Phasen:

o Anforderungsanalyse und Durchführbarkeitsstudie;
o Systementwurf;
o Programmentwurf und -codierung;
o Programmtests und Implementierung;
o Betrieb und Wartung.

Die Beeinflussung dieser Phasen durch den Datenbankeinsatz erfolgt
aufgrund der Unterschiede zwischen der Gestaltung anwendungsspezi-
fischer Dateien und der Datenbankgestaltung. Die dateiorientierte
Gestaltung ist in der Regel eine projektorientierte Aufgabe unter
der direkten Aufsicht eines Projektleiters. Hierbei werden Dateien,
die speziellen Aufgaben dienen, definiert. Die Datenbankgestaltung
bezieht sich dagegen auf eine Datenbank, die mehreren Anwendungen
mit unterschiedlichen logischen Sichten auf die Daten zur Verfügung
gestellt werden soll. Die Systementwicklung und die Gestaltung der
Datenbank müssen parallel erfolgen. Der Forderung, Daten gemeinsam
zu bearbeiten, muß insbesondere während der Entwicklungsphase
"Systementwurf" Rechnung getragen werden.

Im Rahmen der Datenbankentwicklung lassen sich vier Hauptphasen
unterscheiden:

o Globale konzeptionelle Datenbankgestaltung - die Identifikation
  der Einträge und Datensichten umfaßt auch die Beschreibung der
  Beziehungen zwischen den einzelnen Datensichten. Das Ergebnis
  dieser Phase ist ein Diagramm der globalen konzeptionellen Datenstruktur.

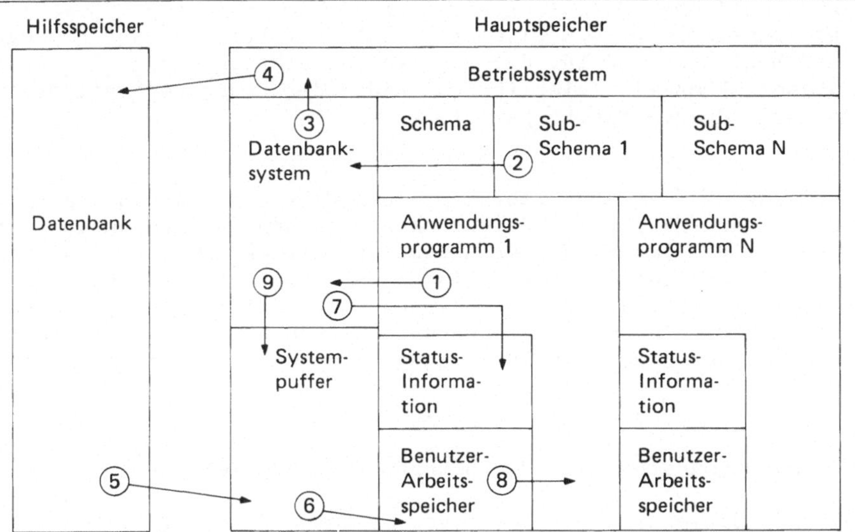

1 : Ein Anwendungsprogramm verlangt einen Datenzugriff.

2 : Das Datenbanksystem analysiert den Aufruf und ergänzt ihn mit Parametern der Schemata und Subschemata.

3 : Das Datenbanksystem verlangt vom Betriebssystem die Bereitstellung einer Zugriffs- methode.

4 : Das Betriebssystem tritt mit dem Hilfsspeicher in Verbindung und

5 : führt die Datenübertragung in den Systempuffer durch.

6 : Das Datenbanksystem überträgt die Daten vom Systempuffer in den Arbeitsspeicher des Anwendungsprogramms.

7 : Das Datenbanksystem stellt dem Programm Statusinformationen (z. B. Fehlermeldungen) zur Verfügung.

8 : Mit Hilfe der Programmiersprache des Anwendungsprogramms können die Daten im Arbeitsspeicher verarbeitet werden.

9 : Das Datenbanksystem verwaltet den Systempuffer.

Abbildung 5.4: Schnittstellen des Anwendungssystems

o Detaillierte konzeptionelle Datenbankgestaltung – die Definition der Satzarten und Datenelemente führt zu einem detaillierten konzeptionellen Diagramm, das alle Datenelemente und deren aus- führliche Beschreibung enthält.

o Logische Datenbankgestaltung – basierend auf den Anforderungen anwendungsorientierter Projekte werden die Speicherstrukturen und Zugriffsmethoden, die für die Bedienung der logischen Zugriffe benötigt werden, definiert. Das Ergebnis dieser Phase ist die Beschreibung der globalen logischen Datenbank, die sowohl ein Datenstrukturdiagramm als auch eine detaillierte Datenbeschrei- bung in einer Datenbeschreibungssprache (DDL) umfaßt.

o Physikalische Datenbankgestaltung – Zuordnen von Speicherplatz
  und Bestimmen physikalischer Aspekte wie Puffer- oder Blockgrößen
  und Möglichkeiten für die physikalische Speicherung. Das Ergebnis
  dieser Phase ist eine für das Laden der Daten vorbereitete vollständig dokumentierte Datenbank.

Abbildung 5.5 verdeutlicht, wie die Phasen der Anwendungsentwicklung mit dem Zyklus der Datenbankentwicklung in Interaktion treten
müssen. Aus der Sicht der Anwendungsentwicklung ist es sehr wichtig, die Erstellung der logischen Sichten auf die Daten und die
Ergebnisse der Datenbankgestaltung einer kritischen Überprüfung zu
unterziehen. In den folgenden Abschnitten werden die Interaktionen
zwischen der Datenbankgestaltung und der Anwendungsentwicklung
diskutiert.

Anforderungsanalyse und Durchführbarkeitsstudie

Während dieser ersten Phase der Systementwicklung müssen die Anstrengungen auf die benutzerorientierten und konzeptionellen Aspekte der Gestaltung konzentriert werden; wichtig ist dabei, diese
Aufgaben mit der globalen konzeptionellen Datenstruktur zu koordinieren. Diese Datenstruktur sollte Gegenstand einer separaten Planung sein, die dem Beginn der Systementwicklung für ein Anwendungsprojekt zeitlich vorgelagert wird. Ein Anwendungsprojekt benutzt
also eine Untermenge der globalen Datenstruktur, wobei die jeweils
relevanten Bereiche dieser Datenstruktur auf die Benutzerbedürfnis-
se zugeschnitten werden, indem zusätzliche konzeptionelle Aspekte
eingebracht werden. Die Abteilung Systementwicklung ist für die
richtige Eingliederung jeder Anwendung in den Gesamtzusammenhang
der übergreifenden globalen Datenstruktur verantwortlich.

Im Zusammenhang mit der Durchführbarkeitsstudie für eine projek-
tierte Anwendung ist zu klären, ob diese Anwendung die bereits
global definierten Datenbanken nutzen kann. Diese Fragestellung
sollte explizit im Rahmen der Durchführbarkeitsstudie überprüft
werden. Ergänzend sollte in diesem Zusammenhang eine Identifikation
und Beschreibung der Benutzeranforderungen erfolgen, sofern die
Anforderungen den Zugriff, die Speicherung und/oder die Wartung von
Informationen in der (den) Datenbank(en) berühren.

Der Systementwurf

Die zweite Phase der Anwendungsentwicklung beschäftigt sich mit
einer detaillierten Analyse, die zur System- (und damit zu einer
systematischen) Lösung führen soll. Der Entwurf stellt eine Fort-
entwicklung der ersten Phase dar, die nur Fragestellungen zur
Durchführbarkeit auf konzeptioneller Ebene zu beantworten hatte.

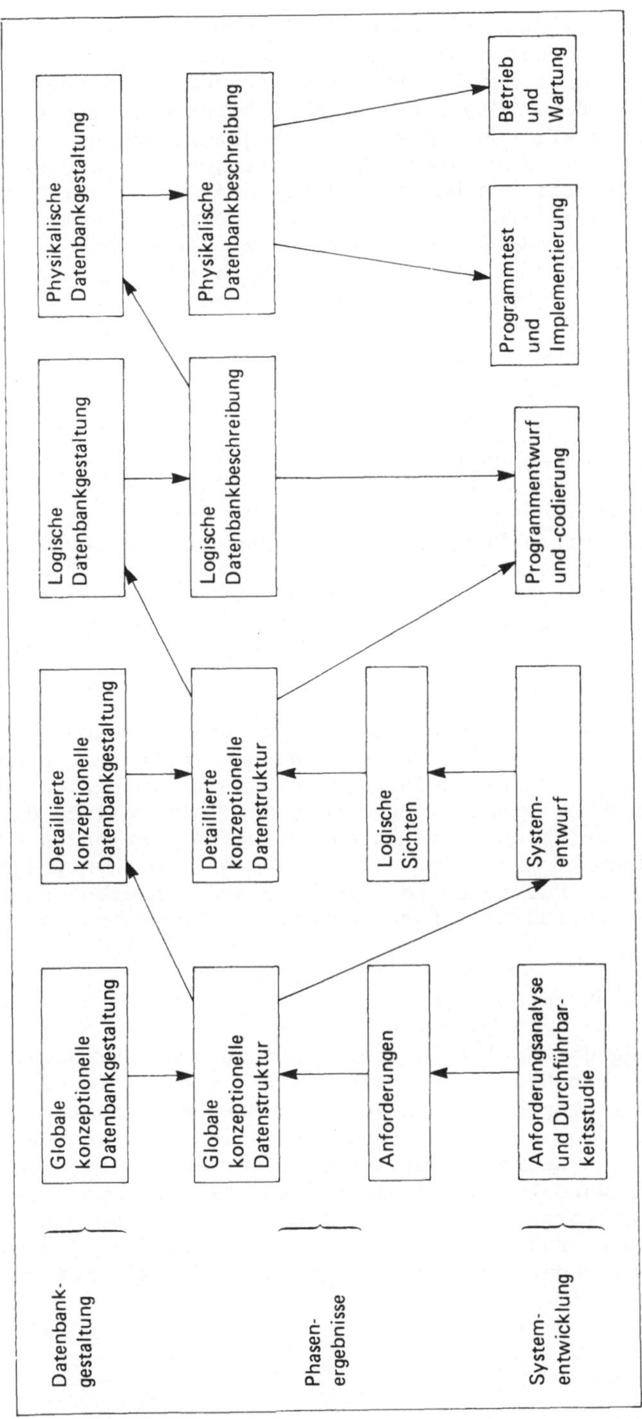

Abbildung 5.5: Interaktionen zwischen Systementwicklung und Datenbankgestaltung

Der Leiter der Abteilung Systementwicklung muß sicherstellen, daß jeder Anwendungsbereich seine speziellen Datenanforderungen formuliert hat. Die logischen Sichten jeder Anwendung müssen sorgfältig ausgearbeitet werden. Man erreicht dies beispielsweise durch Aufzählung der Transaktionen, die für die jeweilige Aufgabenstellung erforderlich sind. Aus diesen Transaktionen müssen die für die Anwendung erforderlichen Datenelemente und deren Beziehungen untereinander herauskristallisiert werden. Es ist zu ermitteln, wann und wo Daten zu finden, zu ändern und zu ergänzen sind. Darüber hinaus sind Informationen über Art und Umfang der Nutzung zusammenzustellen. Die Daten müssen dann analysiert und aufbereitet werden, so daß sich eine formal einwandfreie, präsentationsfähige Darstellung der logischen Anwendungssichten auf die Daten ergibt.

Programmentwurf und -codierung

In dieser Entwicklungsphase erfolgt die Umsetzung des Systementwurfs in ablauffähigen Programmcode. Diese Aufgabe verlangt Kenntnisse über die Datenstrukturen und Zugriffsmethoden, die im Rahmen der Datenbankgestaltung vorgesehen sind. Daher müssen den Systementwicklern Informationen über die Datenbankgestaltung zur Verfügung gestellt werden. Diese Informationen werden der logischen Datenbankbeschreibung entnommen.

Während des Entwurfs und der Codierung der Anwendungsprogramme sollten die Systementwickler Prozeduren und Verfahren erarbeiten, die die Datenunabhängigkeit verbessern und zur Integrität der gesamten Datenbank beitragen. Besondere Sorgfalt sollten die Anwendungsprogramme erfahren, die Daten verändern, ergänzen und/oder löschen. Darüber hinaus sollte den Plausibilitätskontrollen, der Verarbeitung von Rückmeldungen des DBMS und anderen Fehler- und Statusmeldungen vermehrte Aufmerksamkeit geschenkt werden.

Tests und Implementierung

Nach Beendigung der Codierphase erfolgen auf verschiedenen Ebenen die Tests zur Überprüfung der Vollständigkeit der Anforderungen und deren Präzision. Wenn Daten von verschiedenen Anwendungen gemeinsam genutzt werden, müssen ergänzende Tests, die die Datenbankintegrität sicherstellen sollen, durchgeführt werden, wobei die neu programmierten Softwaresysteme an einer Testdatenbank zusammen mit den anderen Anwendungsprogrammen getestet werden, die bereits im Einsatz sind. Dieser ergänzende Test soll sicherstellen, ·daß die neuen Programme keine negativen Auswirkungen auf die existierenden Programme haben.

Betrieb und Wartung

Die letzte Phase der Systementwicklung umfaßt die Eingliederung
neuer Anwendungen in die Produktion, die Fehlerkorrektur und die
Verbesserung bestehender Softwaresysteme oder Anwendungsprogramme.

Die Wartung ist in einer Datenbankumgebung als besonders kritisch
anzusehen. Veränderungen an Datenelementen können mehrere Anwendungsprogramme beeinträchtigen, wobei die Grenzen zwischen einzelnen Anwendungen überschritten werden. Natürlich kann dieser Umstand
gemildert werden, wenn in den vorhergehenden Phasen der Systementwicklung ein hohes Maß an Datenunabhängigkeit sichergestellt werden
konnte. Ein hoher Grad an Datenunabhängigkeit erlaubt Änderungen
an Datenelementen, wobei Änderungen an den Programmen umgangen
werden können. In vielen Fällen kann damit eine erneute Übersetzung
der betroffenen Programme vermieden werden. Durch Programmunabhängigkeit kann auch die Programmierzeit und die Notwendigkeit des
Einsatzes weiterer Ressourcen reduziert werden.

Die Interaktion und Koordination von Systementwicklung und Datenbankentwicklung werden durch die Phasenergebnisse ermöglicht, die
als Schnittstelle zwischen den Phasen dienen. Wie Abbildung 5.5
zeigt, spielt jedes einzelne Phasenergebnis eine wichtige Rolle in
den folgenden Phasen.

KONTROLLE UND STEUERUNG IM RAHMEN DER SYSTEMENTWICKLUNG

Informationssysteme müssen über Kontrollmöglichkeiten verfügen, die
die Korrektheit, Vollständigkeit und Aktualität der Daten für die
Endbenutzer sicherstellen. Eine systematische interne Steuerung
bedeutet ferner, daß nur erlaubte Zugriffe erfolgen und ein ange-
messenes Nachvollziehen der Transaktionen sichergestellt ist. Ent-
wicklungsprojekte müssen ebenfalls gesteuert werden, um Zeitaufwand
und Kosten kontrollieren zu können.

Die Leitung von Entwicklungsprojekten

In einer herkömmlichen Umgebung hatte der Projektleiter die Gesamt-
kontrolle über das Entwicklungsvorhaben, die Dateigestaltung einge-
schlossen; in einer Datenbankumgebung muß der Projektleiter mit dem
Projektteam "Datenbankgestaltung" kooperieren, das vermutlich einer
anderen Abteilung zugeordnet ist.

Eine übergeordnete Instanz, z.B. der DV-Hauptabteilungsleiter, muß
für die Koordinierung und Steuerung der Entwicklung sorgen und insbesondere auf eine effektive Kooperation zwischen den verschiedenen
Projektteams in der DV-Abteilung achten.

Gestaltung und Implementierung von Steuerungsmechanismen

Informationssysteme in einer Datenbankumgebung erfordern neue
Steuerungs- und Kontrollmöglichkeiten. Eines der größten Probleme
in einer Datenbankumgebung ist die Verschiebung des Schwergewichts
von der individuellen Anwendung zur generalisierten Systemumgebung.
Eine Steuerung der Zugriffe zur Verhinderung nicht autorisierten
Lesens und Schreibens von Dateien ist z.B. in einer traditionellen
Umgebung die Aufgabe des Anwendungsprogramms. In einer Datenbankum-
gebung sind diese Aufgaben Teil des Datenbankverwaltungssystems.
Dies trifft auch auf andere Steuerungsmechanismen zu, z.B. die
Überprüfung von Dateneingaben oder die Restart- und Recovery-
Möglichkeiten.

Personelle Überlegungen

Personal mit ungenügenden Kenntnissen und nicht ausreichenden technischen Fähigkeiten ist der häufigste Grund für Verzögerungen oder
sogar für das Scheitern von Datenbankprojekten. Große Bedeutung hat
dieses Wissen insbesondere während der anfänglichen Gestaltungsphasen.

Der Kenntnisstand der Angestellten sollte, um eine erfolgreiche
Gestaltung und Implementierung datenbankgestützter Informationssysteme zu gewährleisten, folgende Bereiche umfassen:

o Spezifikation logischer Datensichten;
o Entwurf von Datenstrukturen;
o Kenntnis von DBMS-spezifischen Zugriffsmethoden;
o Codiertechniken für die Datenmanipulation;
o Kenntnisse über DBMS-spezifische Leistungsaspekte.

Der DV-Hauptabteilungsleiter hat einen Ausbildungsplan zu entwer-
fen, um sicherzustellen, daß der technische Stab über die erforderlichen Fähigkeiten verfügt. Viele Unternehmen bedienen sich darüber hinaus externer Unternehmensberater, um erforderliche Kenntnisse bereitzustellen.

Der Einsatz des DD/DS als Kontrollinstrument

Im folgenden werden - kurz zusammengefaßt - einige Wege aufgezeigt,
wie das DD/DS bei der Lenkung und Kontrolle der Datenbankumgebung
sinnvoll eingesetzt werden kann.

Dokumentation

Das DD/DS kann helfen, aktuelle und zuverlässige Beschreibungen
von Programmen und Moduln, die Teile der Datenbank gemeinsam
nutzen, zu warten. Die Dokumentation kann als Nebenprodukt im
Rahmen der Entwicklung erstellt werden und wird daher nicht zu
einer lästigen Zusatztätigkeit.

Kontrolle von Änderungen

Das DD/DS kann helfen, korrekte und autorisierte Änderungen an den
Systemkomponenten sicherzustellen. Unter Verwendung der Status-
attribute, über die die meisten Softwaresysteme verfügen, kann das
DV-Personal zielsicher Veränderungen an Programmen und an Daten-
beschreibungen in ihrem Wirkungskreis verfolgen und steuern.

Unterstützung der Systementwicklung

Das Ziel, für jede Phase der Systementwicklung einen Output (in
Abbildung 5.5 als "Phasenergebnis" bezeichnet) zu erstellen, läßt
sich mit Hilfe eines DD/DS leichter erreichen. Das DD/DS kann die
für jeden Output benötigten Daten zusammentragen und daraus die
gewünschten Informationen, die Inhalt der jeweiligen Outputs sein
sollen, erstellen (siehe Abbildung 5.6). Das DD/DS kann auch verwendet werden, um Datenstrukturdiagramme für verschiedene Phasen
der Systementwicklung zu erzeugen.

ZUSAMMENFASSUNG

Die Einführung eines Datenbanksystems hat Auswirkungen auf die
Systementwicklung durch

o Veränderung der Systementwicklungsphasen;
o Erhöhten Bedarf an Steuerungs- und Kontrollaufgaben;
o Auswirkungen auf die Projektleitung;
o Erhöhten Bedarf an qualifiziertem Personal.

Es ist ratsam, ein detailliertes Programm zur Einführung der Datenbanktechnologie auszuarbeiten, um die DV-Abteilung auf den Einsatz
vorzubereiten. Dieses Programm sollte folgende Punkte umfassen:

Systementwicklungszyklus		
Systementwicklung	Datenbankgestaltung	DD/DS
Prüfung der Durchführbarkeit Funktionale Spezifikation	Globaler konzeptioneller Entwurf	Dokumentation und Unterstützung der Analysephase
Systemspezifikation Programmspezifikation	Detaillierter konzeptioneller Entwurf	Dokumentation und Unterstützung der Analysephase Kontrolle von Änderungen
Programmierung Einzel- und Integrationstests	Logischer Entwurf Physikalischer Entwurf	Erzeugen der Metadaten Kontrolle von Änderungen Erzeugen der Metadaten Kontrolle von Änderungen
Umstellung Betrieb	Betrieb Wartung	Erzeugen der Metadaten Kontrolle von Änderungen

Abbildung 5.6: DD/DS-Schnittstelle während der Systementwicklung

o Intensives Training, um die grundlegenden Ideen, Methoden und Verfahren zur Gestaltung eines datenbankgestützten Informationssystems zu schulen;
o Heranziehen externer Beratung, falls dies notwendig und sinnvoll sein sollte;
o Ausnutzung von DD/DS-Konzepten als Hilfsmittel bei der Lenkung und Kontrolle der Systementwicklung.

6 Rekonstruktion von Datensystemen (Recovery)

EINLEITUNG

Im Rahmen der zunehmenden Verbreitung und des vermehrten Einsatzes integrierter Datenbanken wird der Schutz von Daten und Dateien immer wichtiger. Viele Vorteile des Einsatzes betrieblicher Datenverarbeitung können am besten erreicht werden, wenn alle oder zumindest ein überwiegender Teil der Datenbestände des Unternehmens in die zentrale Steuerung eines DBMS integriert werden. Zahlreiche Unternehmensabläufe hängen inzwischen von einem fehlerfreien Einsatz eines DBMS ab. Um jedoch einen fehlerfreien Einsatz zu gewährleisten, muß das DBMS über Funktionen zur Fehlererkennung und -korrektur verfügen. Fehlen solche Funktionen, wird das eingesetzte DBMS sehr schnell durch seine Unzuverlässigkeit und unverhältnismäßig hohen Ausfallzeiten in Verruf geraten. Als Folge werden vermutlich einzelne Anwender verlangen, daß ihre "eigenen" Daten nicht in das DBMS integriert werden, um eine höhere Datensicherheit zu gewährleisten. Mithin ist die Effizienz der Recovery-Verfahren ein entscheidender Gesichtspunkt bei der Erstellung einer leistungsfähigen Datenbankumgebung.

Der Begriff "Recovery" bezieht sich in diesem Zusammenhang auf die Möglichkeiten für eine Rekonstruktion oder Wiederherstellung eines korrekten Datenzustandes (1,2). In diesem Kapitel werden die Entscheidungen, die beim Entwurf von Recovery-Verfahren zu treffen sind, erläutert. Es werden darüber hinaus die Problembereiche bei der Entwicklung dieser Verfahren aufgezeigt. Weil diesen Verfahren große Bedeutung bei der Auswahl des einzusetzenden DBMS zukommt, ist es ratsam, die in diesem Kapitel vermittelten Informationen in die Bewertungsphase bei der Auswahl eines DBMS miteinzubeziehen.

RECOVERY-KONZEPTE

Das primäre Ziel eines Recovery-Verfahrens ist das Bereitstellen
von Fehlerkorrekturmöglichkeiten für eine fehlerhaft arbeitende
Datenbank, so daß die in ihr enthaltenen Daten in den Zustand vor
Schadenseintritt zurückversetzt werden können. Um auf den (korrekten) Datenbestand wieder zugreifen zu können, kann eine Reihe von
manuellen und/oder automatischen Arbeitsgängen erforderlich sein.

Die Instrumente

Im wesentlichen werden vier Instrumente zur Rekonstruktion von
Datenbanken eingesetzt:

o Transaktionsprotokoll/-journal;
o Vorherige und nachherige Abbilder der bearbeiteten Datenbankbe-
  reiche;
o Datensicherung durch Auslagerung;
o Checkpoints.

Ein DBMS sollte über alle vier Instrumente verfügen, um angemessene
Datensicherheit zu gewährleisten.

Transaktionsprotokoll/-journal

Für Recoveryzwecke befindet sich im Protokoll eine Kopie jeder
Update-Transaktion gegenüber der Datenbank. Es können jedoch auch
Lese-Transaktionen, Statistiken, Informationen über Beginn und Ende
von Transaktionen oder Angaben über Verfahrensverletzungen bei der
Eingabe enthalten sein.

Vorherige und nachherige Abbilder

Ein vorheriges Abbild ist die Kopie eines Datenbankbereiches mit
dem Inhalt der Datenfelder, bevor sie geändert wurden ("before
page" oder "before image"). Ein nachheriges Abbild ist die Kopie
eines Datenbankbereiches, nachdem darin enthaltene Daten geändert
wurden ("after page" oder "after image"). Wiederhold (3) spricht in
diesem Zusammenhang von "Zuvorabbildung" bzw. "Danachabbildung".
Beide Abbildarten werden entweder im Transaktionsprotokoll oder in
einer separaten Protokolldatei gespeichert. Eine Änderung der Da-
tenbankdaten, bei der dieses Sicherungsinstrument benutzt werden
soll, muß in der nachstehend beschriebenen Reihenfolge vorgenommen
werden:

1. Schreiben des vorherigen Abbildes in das Protokoll;
2. Schreiben des nachherigen Abbildes in das Protokoll;
3. Schreiben des nachherigen Abbildes in die Datenbank (d.h. tatsächliche Vornahme der Änderung in der Datenbank);
4. Eintrag in das Protokoll (optional), ob die Datenänderung fehlerfrei beendet werden konnte.

Dieses Vorgehen stellt sicher, daß das Protokoll jederzeit den "wahren" Zustand der Datenbank widergeben kann und alle Datenänderungen in der Datenbank nachvollzogen oder nachträglich rückgängig gemacht werden können - je nach Art der vorzunehmenden Rekonstruktion.

Nicht jede Änderung in der Datenbank bewirkt jedoch zwangsläufig vier Ein-/Ausgabevorgänge. In den meisten Datenbanksystemen können mehrere vorherige Abbilder eines Datensatzes geschrieben werden, bevor die entsprechenden nachherigen Abbilder abgelegt werden. Darüber hinaus puffern die meisten Systeme die vorherigen und nachherigen Abbilder, um die Anzahl der Ein-/Ausgabezugriffe möglichst gering zu halten. Die genannte Reihenfolge muß aber unverändert beibehalten werden. Keinesfalls darf ein nachheriges Abbild in die Datenbank geschrieben werden, bevor der Puffer, der das nachherige Abbild für das Protokoll enthält, erfolgreich in das Protokoll geschrieben wurde.

Datensicherung durch Auslagerung

Durch Auslagerung wird eine Datenbank gesichert; sie wird in vollem Umfang kopiert, d.h. auf externe Datenträger (z.B. Magnetbänder) ausgelagert. Die Rekonstruktion einer Datenbank bedeutet, daß die Datenbank auf Basis einer vorher vorgenommenen Sicherungskopie wieder zur Verfügung gestellt wird. Einige DBMS bieten auch die Möglichkeit, nicht nur die vollständige Datenbank, sondern auch ausgewählte Sektionen zu sichern bzw. zurückzuschreiben. Dieses Angebot sollte jedoch nur mit Vorsicht und unter bestimmten Bedingungen genutzt werden. Bei der Überspielung sollten Kontrollen vorgenommen werden, da sonst die Möglichkeit besteht, daß unsynchronisierte Daten die Integrität und Zuverlässigkeit der Datenbank gefährden. Prozeduren zur Sicherstellung von Datenintegrität und -zuverlässigkeit sind gerade bei sektionsweisem Rückschreiben von Daten äußerst kritisch, wenn Datenbanksysteme benutzt werden, die intern Datensätze durch Zeiger miteinander verknüpfen. Beispielsweise ist es möglich, eine Datenbanksektion zu sichern, die mit einem Zeiger auf einen Datensatz außerhalb der Sektion zeigt, der gelöscht wird, bevor die Sektion, in der der Zeiger steht, gesichert wird. Sollte sich der Fall ergeben, daß beide Sektionen zurückgeschrieben werden müssen, wird jedes Programm, das auf diese spezielle Relation zwischen den beiden Sektionen zurückgreift, mit einem Fehler abbrechen, weil die erste Sektion auf einen Satz verweist, der nun nicht mehr existiert.

Checkpoints

Ein Checkpoint darf nur dann auftreten, wenn keine Änderungen an
der Datenbank vorgenommen werden, weil nur zu einem solchen Zeitpunkt sichergestellt ist, daß die Datenbank intakt ist. Ein Checkpoint wird normalerweise erreicht durch:

o Stoppen aller eintreffenden Transaktionen oder Umleitung in eine
  Warteschlange;
o Schreiben aller vorherigen und nachherigen Abbilder, die sich
  noch im Protokollpuffer befinden, in das Transaktionsprotokoll;
o Schreiben aller noch im Puffer der Datenbank befindlichen, geänderten Daten in die Datenbank;
o Eintrag in das Protokoll über die erfolgreiche Änderung der
  Datenbank.

Checkpoints können auch auf Programmebene oder auf der Ebene
individueller Transaktionen eingerichtet werden. Bei diesem Vorgehen steuert das DBMS die Benutzung jedes Datensatzes mit Hilfe
eines Algorithmus. Das DBMS garantiert dabei, daß ein Datensatz zu
einem Zeitpunkt jeweils nur durch eine einzige Transaktion geändert
werden kann, indem es den Datensatz temporär verriegelt. Dieser
Riegel (engl.: lock) wird nur beseitigt, wenn die Transaktion, die
die Verriegelung veranlaßt hat, endet oder die verriegelten Datensätze während der Verarbeitung explizit wieder freigibt. Da auf
einen verriegelten Datensatz nicht von einer anderen Transaktion
zugegriffen werden kann, werden Transaktionen, die einen verriegelten Datensatz benutzen wollen, in eine Warteschlange geleitet,
bis die Verriegelung freigegeben wird. Dieses Vorgehen garantiert,
daß jede Transaktion ihre spezifische Untermenge der Datenbank zur
Verfügung hat (identifiziert anhand ihrer Riegel) und die Transaktion daher als ein Objekt für einen Checkpoint angesehen werden
kann. Für die Dauer einer gegebenen Transaktion kann keine andere
Transaktion Daten ändern, die von dieser ursprünglichen Transaktion
angesprochen werden. Diese Form der Checkpointbehandlung erfordert,
daß die Informationen über Beginn und Ende der Aktion und Check-
pointdaten in das gleiche Protokoll geschrieben werden, in der die
vorherigen und nachherigen Abbilder abgelegt werden.

SCHADENSARTEN

Es gibt fünf Schadensarten, die in einer Datenbankumgebung auftreten können. Jeder Schaden erfordert für den Einzelfall entsprechend
festgelegte Vorgehensweisen für ein Recovery:

o Hardwareschaden - Teile der Datenbank sind unlesbar geworden;
o Unterbrechungsschaden - die Datenbank mußte gestoppt werden; der
  Status der letzten vorgenommenen Transaktion ging verloren;
o Transaktionsfehler;

o Eine Datenänderung in der Datenbank wurde ausgeführt, ist jedoch fehlerhaft, d.h. es kam zu einer gültigen, aber fehlerhaften Änderung;

o Strukturschaden – Versagen des Zeigermechanismus.

Hardwareschaden

Bei einem Hardwareschaden werden Teile der Datenbank oder die gesamte Datenbank – oft durch Fehler an den Ein-/Ausgabegeräten – unlesbar. Wenn Teile der Datenbank unlesbar geworden sind, muß das Recovery mit dem vollständigen Löschen dieser Datenbereiche beginnen und man muß auf eine vorherige Version der Datenbank zurückgreifen. Im weiteren Verlauf des Recovery muß die Datei vom Zeitpunkt der Sicherung an bis zum Zeitpunkt des Auftretens des Schadens aktualisiert werden, bis eine Kopie der ursprünglich unbeschädigten Datenbank wiederhergestellt ist.

Der erste Schritt bei diesem Verfahren ist das physikalische Löschen der beschädigten Datenbankteile. Anschließend wird eine Kopie der Datenbank auf einen Plattenspeicher übertragen. Je öfter eine Sicherung durchgeführt wird, d.h. je aktueller die Sicherungskopien der Datenbank sind, desto weniger zeitaufwendig wird der Verlauf des folgenden Schrittes, der von Wiederhold als "Zurückrollen" bezeichnet wird (3).

Während des Zurückrollens werden fehlerhafte Datenbankteile durch entsprechende "Zuvorabbildungen" ersetzt. Allerdings sind bei diesem Vorgang die Transaktionen, durch die die Veränderungen ausgelöst wurden, in der Regel nicht bekannt. So kann durchaus der Fall eintreten, daß einige Transaktionen nicht beendet waren, als der Schaden erkannt wurde. Dadurch können einige der nachherigen Abbilder des Protokolls nicht benutzt werden. Daten oder Zeiger können sich wohl fehlerfrei in den Datenpuffern befunden haben, wurden aber aufgrund des Schadens nicht auf den Festplattenspeicher zurückgeschrieben. Daher darf diese Methode der Datenbankrekonstruktion nur bis zum letzten Checkpoint vor dem Schaden eingesetzt werden.

Unterbrechungsschaden

Dieser Schaden kann auftreten, wenn die Arbeit mit der Datenbank plötzlich unterbrochen wird, ohne daß die Möglichkeit bestand, einen Checkpoint einzuführen oder die gerade laufenden Transaktionen ordnungsgemäß zu beenden. Obwohl die gesamte Datenbank lesbar bleibt, wenn das System reaktiviert wird, ist doch davon auszugehen, daß sie Schaden erlitten hat; es ist nicht bekannt, ob eine Datenänderung, die sich möglicherweise noch in einem der Puffer befindet, in die Datenbank übernommen wurde.

Da nun eine lesbare, aber wahrscheinlich fehlerhafte Kopie der
Datenbank vorliegt, besteht keine Notwendigkeit, die Datenbank oder
Teile der Datenbank zu löschen. Stattdessen muß bei dieser Fehler-
art die Datenbank bis zum letzten Checkpoint zurückgerollt werden.
Dieser Checkpoint kann, wie bereits angemerkt, nur aufgetreten
sein, als gerade keine Transaktionen vorgenommen wurden und die
Puffer leer oder bereits auf dem Festplattenspeicher gesichert
waren.

Das Zurückrollen umfaßt das Schreiben von vorherigen Abbildern in
die Datenbank in umgekehrter zeitlicher Reihenfolge; es werden alle
Änderungen seit dem letzten Checkpoint systematisch rückgängig
gemacht. Entweder wird dazu das Transaktionsprotokoll gelesen oder
es wird der entsprechende Checkpoint gesucht; von dieser Stelle an
werden alle vorherigen Abbilder bis zum Schadenseintritt kopiert
und zurückgeschrieben.

Viele Datenbanksysteme besitzen heute die Möglichkeit, selbsttätig
ein Zurückrollen zum letzten Checkpoint vorzunehmen, wenn nach
einem Unterbrechungsfehler neu gestartet wird. Diese Datenbanksysteme sind dahingehend zu untersuchen, wie sie die Transaktionen,
die den Fehler hervorriefen, behandeln.

Transaktionsfehler

Dieser Fehler entsteht, wenn eine Transaktion abbricht, nachdem sie
bereits einen oder mehrere Datensätze in der Datenbank geändert
hat. Das Recovery verläuft hier ähnlich wie bei einem Unterbrechungsschaden mit dem Unterschied, daß allein auf die vorherigen
Abbilder der Datensätze, die bereits durch die abgebrochene Transaktion geändert wurden, zurückgegriffen wird. In der Regel müssen
bei diesem Vorgang andere Transaktionen, die gerade ablaufen, nicht
abgebrochen werden. Am Ende des Recovery werden alle Riegel, die
von der "verunglückten Transaktion" errichtet wurden, wieder freigegeben. Dieses Vorgehen löscht alle Resultate der Transaktion, als
wäre diese Transaktion nie durchgeführt worden.

Gültige, aber fehlerhafte Änderungen

Diese Schäden werden gewöhnlich von Benutzern entdeckt, die Diskre-
panzen in einer Liste feststellen, nachdem Änderungen vorgenommen
wurden. Kein Programm kann die Entdeckung aller Fehler garantieren
(z.B. Zahlendreher). Das Recovery für einen derartigen Schadensfall
kann im Idealfall so durchgeführt werden, daß die Datenbank auf den
letzten Checkpoint zurückgesetzt wird und von da an alle Transaktionen neu durchgeführt werden. Nachherige Abbilder dürfen nicht
benutzt werden, weil sie bereits die fehlerhafte Änderung enthalten.

Diese Methode hat einen Nachteil. Alle Bereiche der Datenbank, die von der fehlerhaften Änderung berührt worden sein könnten, sind sorgfältig zu überprüfen. Ebenso sind alle Transaktionen, die möglicherweise auf die falschen Daten zurückgegriffen haben, zu ermitteln. Je länger die betroffene Zeitperiode ist, desto weniger erweist sich diese Maßnahme als durchführbar. Die am häufigsten praktizierte Möglichkeit zur Lösung dieses Problems besteht darin, über eine neue Transaktion die falschen Daten zu korrigieren. In diesem Zusammenhang erweisen sich die Transaktionen als problematisch, die bereits auf die verfälschten Informationen zurückgegriffen und dadurch fehlerhafte Resultate an anderer Stelle verursacht haben. Weil aber solche Transaktionen nur schwer zu verfolgen sind, ist bis heute noch keine allgemeingültige Lösung dieses Problems gefunden worden. Ein korrekter und angemessener Gebrauch des Data Dictionary oder des Directory Systems kann das Verfolgen derartiger Effekte allerdings vereinfachen; zumindest lassen sich die betroffenen Anwender leichter ausfindig machen.

Strukturschaden

Ein Strukturschaden entsteht durch ein Versagen des Zeigermechanismus in einer Datenbank. In einem Datensatz können falsche oder nicht vorhandene Daten angesprochen werden. Normalerweise kann man diesen Fehler nicht feststellen, wenn der Zeiger einen falschen Wert erhält, sondern nur dann, wenn ein Programm, das diesen Zeiger benutzt, mit einer Fehlermeldung abbricht. In der Regel muß die Datenbank vom gegenwärtigen Status bis zum letzten Checkpoint, an dem der Fehler noch nicht aufgetreten war, zurückgesetzt werden. Es können dann dieselben Maßnahmen wie bei den anderen Fehlerarten ergriffen werden.

KRITERIEN BEI DER GESTALTUNG VON RECOVERY-MASSNAHMEN

Mehrere Faktoren gehen in die Bewertung und Gestaltung von Recovery-Maßnahmen ein. Dabei ist ein grundsätzlicher Kompromiß zwischen Geschwindigkeit und Durchsatzeffizienz der Datenbank zu schließen. Oft verursachen gerade die Methoden, die die schnellsten Recovery-Möglichkeiten bieten, den höchsten Zusatzaufwand bei der normalen Verarbeitung. Der folgende Abschnitt diskutiert die wichtigsten Punkte, die bei der Gestaltung von Recovery-Software zu beachten sind.

Externe Sicherung

Die Häufigkeit der Kopieerstellung ist ein wichtiges Kriterium bei dieser Art der Datensicherung. Weil das Schreiben von nachherigen Abbildern wesentlich effizienter ist als das Nachvollziehen aller relevanten Transaktionen, sollten Maßnahmen zur Datensicherung

möglichst oft und kurz hintereinander durchgeführt werden. Während
des Sicherungsvorgangs darf natürlich keine Änderungstransaktion
zugelassen werden. Abhängig vom Umfang des Datenbestandes in der
Datenbank kann durch diese Restriktion die Verarbeitung von Änderungen erheblich verzögert werden. Besteht die Möglichkeit, die
Datenbank sektionsweise zu sichern bzw. die Sicherungen sektionsweise zurückzuschreiben, erweist sich dieses Problem als weniger
hinderlich.

Die Häufigkeit der Checkpointerstellung führt zu denselben Kompro-
missen wie die Häufigkeit externer Sicherungen: ein Recovery ist
umso schneller möglich, je mehr Checkpoints eingerichtet wurden,
aber umso stärker wird auch die Verarbeitungseffizienz belastet. In
diesem Zusammenhang gilt: je größer der zeitliche Abstand zwischen
zwei aufeinanderfolgenden Checkpoints ist, desto größer ist die
Anzahl der erzeugten vorherigen und nachherigen Abbilder und umso
zahlreicher sind folglich die vorzunehmenden Ein-/Ausgabeoperatio-
nen.

Ein DBMS führt in der Regel das Datenbank-Recovery automatisch
durch und garantiert Datenintegrität. Der Wiederanlauf von Programmen, die Änderungstransaktionen in der Datenbank durchführen
sollten, kann nicht garantiert werden. Transaktionen sind normalerweise so programmiert, daß sie kurz und kompakt arbeiten und mit
dem Checkpointmechanismus nur kommunizieren, wenn sie abgeschlossen
sind. Falls umfangreiche Batch-Programme ablaufen sollen, können
große Datenmengen der Datenbank für längere Zeit verriegelt sein.
Daher sollten umfangreiche Batch-Programme nach Möglichkeit nicht
parallel zu den Online-Anwendungen ablaufen.

Ein anderer wichtiger Aspekt betrifft die Synchronisation des Pro-
tokollbandes mit der Transaktionssteuerung, dem DBMS, dem Betriebssystem und den Batch-Programmen. Die speziell zu diesem Zweck
entwickelten Softwarepakete besitzen ebenfalls großen Einfluß auf
die Datenintegrität.

Der Umfang

Die physikalische Einheit (Speicherblock oder -seite) ist bei der
Abwicklung von Recovery-Maßnahmen am einfachsten zu handhaben. Eine
einfache Änderung eines Datensatzes bewirkt jeweils Lese- und
Schreibvorgänge an den betreffenden Seiten sowohl für das vorherige und nachherige Abbild als auch für den Datensatz selbst. Diese
Abfolge kann bei manchen Datenbanksystemen durch das Einrichten
einer Option zum unbedingten Zurückschreiben auf den Festplattenspeicher eingeleitet werden. Dadurch wird erzwungen, daß eine
Datensatzänderung in die Datenbank geschrieben wird, sobald sie
abgeschlossen ist, was in etwa einem Checkpoint gleichkommt.

Einige Systeme versuchen, diesen zusätzlichen Verwaltungsaufwand durch Anwendung eines Algorithmus zu reduzieren. Die sich in einem gemeinsam genutzten Pufferbereich befindlichen Speicherseiten werden nachgehalten, solange auf darin gespeicherte Daten zurückgegriffen wird. Wird eine Speicherseite benötigt, die sich nicht im Puffer befindet, wird sie an die Stelle im Puffer geladen, die am längsten nicht mehr benutzt wurde (LRU = least recently used – am längsten nicht genutzt). Ist vorher der Inhalt dieser Seite geändert worden, wird zuerst ein nachheriges Abbild ins Protokoll geschrieben, anschließend wird der Seiteninhalt aus dem Puffer in die Datenbank und der Inhalt der neuen benötigten Seite an diese Stelle in den Puffer übertragen. Eine geänderte Seite wird also nicht sofort in die Datenbank zurückgeschrieben, sondern im Puffer zurückgehalten, bis eine weitere Operation Speicherplatz im Puffer anfordert.

Dieses Vorgehen hat nicht nur Vorteile. Speicherseiten können für Stunden im Puffer stehen; es können zahlreiche Änderungen daran vorgenommen werden, ohne daß dieser neue Stand in der Datenbank wiederzufinden ist. Deshalb ist die regelmäßige Erzeugung von Checkpoints unumgänglich – ein Checkpoint erzwingt das Zurückschreiben des Pufferinhalts in die entsprechenden Seiten des Festplattenspeichers.

Wird auf Speicherseitenebene gearbeitet, werden beim Recovery Speicherseiten in der Datenbank überschrieben, ohne daß diese vorher gelesen werden. Sind die nachherigen Abbilder nach ihrer physikalischen Adresse und in zeitlich umgekehrter Reihenfolge geordnet, müssen nur die jeweils aktuellsten nachherigen Abbilder einer gegebenen Speicherseite geschrieben werden. Dieses Vorgehen führt zu einer Verbesserung beim "Zurückrollen" während des Recovery. Durch die normalerweise ohnehin geringen zeitlichen Abstände zwischen einzelnen Checkpoints können damit besondere Vorteile jedoch nicht erzielt werden.

Eine andere Methode, die den Zusatzaufwand verringert, orientiert sich an den Datensätzen. Der Vorteil dieses Vorgehens besteht in der Reduzierung des Protokolldateiumfangs, wodurch wiederum die Ein-/Ausgabevorgänge für diese Datei verringert werden. Um ein einzelnes Element einer Seite zu schreiben, ist jedoch weiterhin eine Ein-/Ausgabeoperation erforderlich. Um diese Methode angemessen zu nutzen, wird das Protokoll gepuffert (beispielsweise wird ein Block erst dann zurückgeschrieben, wenn eine bestimmte Anzahl an Änderungen oder Abbildungen den Puffer füllen). Auch bei diesem Vorgehen sind regelmäßig Checkpoints zu setzen.

Das datensatzorientierte Vorgehen kann eine Verringerung der Anzahl
von Ein-/Ausgabeoperationen der Protokolldatei bewirken. Die Effizienz des Recovery hingegen sinkt, weil die betroffenen Seiten
gelesen, die Daten geändert und die Seiten wieder zurückgeschrieben
werden müssen. Alle Änderungen im Bereich einer Speicherseite,
nicht etwa nur die letzte Änderung, müssen durchgeführt werden.

Die Fortführung des datensatzorientierten Vorgehens leitet zum
datenelementorientierten Vorgehen über. Bei dieser Methode werden
die Elemente eines Datensatzes, die verändert wurden, nachgehalten.
Dadurch kann der Zusatzaufwand im Rahmen der normalen Verarbeitung
weiter verringert werden, wobei allerdings das Recovery weiter
verzögert wird.

Recovery vom Checkpoint aus

Die Benutzung von vorherigen und nachherigen Abbildern erlaubt das
Recovery vom Zeitpunkt des letzten Checkpoints. Das Recovery kann
dennoch sehr umfangreich sein, insbesondere dann, wenn mehrere
Benutzer den gleichen Datensatz geändert haben. Ist die Datenbank
in Bereiche untergliedert, von denen jeder nur durch einen Benutzer
während einer Zeiteinheit geändert werden kann, können Transaktionen vom letzten Checkpoint an rekonstruiert werden. Dabei muß
vorausgesetzt werden, daß andere Benutzer für diesen Zeitraum von
der normalen Bearbeitung dieses Bereichs ausgeschlossen werden,
wodurch sich allerdings die Antwortzeiten erhöhen dürften.

Wenn das Überschneiden von Transaktionen erlaubt ist, besteht die
einzige Möglichkeit darin, die bereits beendeten Transaktionen
erneut auszuführen. So modifiziert in Abbildung 6.1 Transaktion B
den Datensatz (1); Transaktion A liest anschließend den modifizierten Satz (1) und benutzt die neuen Informationen, um Datensatz (2)
zu ändern. Transaktion A endet normal; unglücklicherweise tritt ein
Systemversagen auf, bevor Transaktion B fehlerfrei durchgeführt
werden konnte.

Wird nun ein Recovery für Transaktion A, aber nicht für Transaktion
B ausgeführt, befinden sich Fehler in der Datenbank. Schlimmer
noch: die Datenbank kann einen Strukturschaden erlitten haben, wenn
die Information, die A in Datensatz (2) übertragen hat, aus einem
Zeiger bezüglich der Information, die B in (1) gespeichert hat,
besteht. Transaktion B kann nicht für sich allein durch eine Reco-
verymaßnahme rekonstruiert werden, weil sie unter Umständen in
ihren eigenen Puffern Strukturinformationen enthält, die nicht ins
Protokoll gelangt sind. Dieses Problem kann durch eine Daten-
satzverriegelung vermieden werden, denn dann könnte A Datensatz (1)
nicht lesen, bevor B die Verriegelung aufhebt.

Auch durch andere Konstruktionen kann dieses Problem gelöst werden. So könnte etwa ein Checkpoint automatisch immer dann erzwungen werden, wenn eine Transaktion einen Datensatz (oder eine Speicherseite) zu lesen versucht, die seit dem letzten Checkpoint von einer anderen Transaktion verändert wurde. Diesen Sachverhalt nachzuhalten kann sich aber als problematisch erweisen und den Durchsatz erheblich mindern.

LOGGEN

Je mehr Protokolldateien erzeugt werden, umso schwieriger wird die Synchronisation. Entgegengesetzt gilt: wird nur ein einziges, allumfassendes Protokoll erzeugt, wird sehr viel Zeit beim Recovery für das Überspringen der für das Recovery irrelevanten Informationen benötigt. Auch in diesem Zusammenhang ist ein grundlegender Kompromiß zwischen Durchsatz und Recovery-Effizienz zu suchen.

Ein mögliches Verfahren zur Rekonstruktion basiert auf der Annahme, daß es niemals erforderlich sein wird, weiter als bis zum letzten Checkpoint "zurückzurollen". Entsprechend wird eine separate "kleine Datei" auf einer Festplatte eingerichtet, die lediglich die vorherigen Abbilder seit dem letzten Checkpoint enthält. Wenn ein neuer Checkpoint eingerichtet wird, wird diese Datei einfach überschrieben. Die Recovery-Geschwindigkeit steigt, weil auf Festplatten im Gegensatz zu Magnetbändern auch ein wahlfreier Zugriff möglich ist, so daß die gesuchten Informationen nicht in geordneter Form vorliegen müssen.

Die Diskussionen, ob Magnetbänder oder Festplatten für Protokolldateien besser geeignet sind, sind keineswegs abgeschlossen. Bänder sind das derzeit am häufigsten eingesetzte Speichermedium, weil sie eine preisgünstige Lösung bieten und die meisten Hardwareinstallationen kaum Festplattenspeicherplatz aus der Online-Verarbeitung erübrigen können. Festplatten sind andererseits sehr viel schneller und können wahlfrei gelesen werden. Später können Daten problemlos auf Band kopiert werden (z.B. nach den üblichen Dienststunden im Batch-Modus).

Die Protokolldatei darf keinesfalls auf einem Medium mit zu geringem Speicherplatz gesichert werden. Darüber hinaus muß augenblicklich eine Ersatzdatei ansprechbar sein, wenn der Speicherplatz nicht mehr ausreicht, um alle Protokollinformationen abzuspeichern. Das heißt, daß zwei Laufwerke für jedes Protokoll zur Verfügung stehen müssen. Sofern man höhere Datensicherheit fordert, sind mehr Laufwerke anzuraten. Es versteht sich im Falle des Loggens auf Festplatte von selbst, daß die Protokollfestplatte nie dasselbe Laufwerk wie die Datenbank selbst benutzen darf.

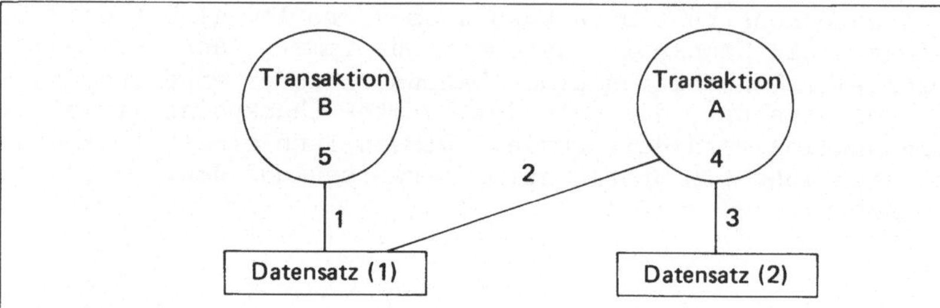

1. Transaktion B verändert Datensatz (1).
2. Transaktion A liest Datensatz (1).
3. Unter Benutzung der in Schritt 2 gefundenen Daten verändert Transaktion A Datensatz (2).
4. Transaktion A endet fehlerfrei.
5. Systemversagen tritt ein, bevor Transaktion B normal beendet werden kann.

Abbildung 6.1: Recovery von überschneidenden Transaktionen

ENTWURFSÜBERLEGUNGEN

Die in diesem Kapitel beschriebenen Recovery–Verfahren werden in einer Umgebung benötigt, in der Online–Änderungen von Daten üblich sind. Wenn während der normalen Verarbeitung keine Änderungen vorgenommen werden, gibt es keine vorherigen und nachherigen Abbilder. Dann besteht das Recovery einfach darin, das Datenbanksystem erneut in Betrieb zu setzen oder es schlimmstenfalls mit dem Stand der letzten vorgenommenen Sicherung erneut zu starten.

Der Systementwickler muß also entscheiden, ob im Rahmen einer Transaktion sämtliche anfallenden Datenbankänderungen durchgeführt werden sollen oder nicht. Die Alternative besteht darin, die Änderungen später in einem Batch–Lauf vorzunehmen, wenn das Online-System nicht aktiv ist. Daraus folgt in der Regel eine Verzögerung bis zum nächsten Morgen, so daß die Änderungen zwar am Vortag eingegeben werden, aber erst am nächsten Tag in der Datenbank eingetragen sind.

VERTEILTE DATENVERARBEITUNG

Jede Diskussion über Recovery sollte unbedingt auch auf die dezentrale Datenverarbeitung Bezug nehmen. Die Installation von Recovery-Verfahren kann sich in einer verteilten Umgebung als besonders schwierige Aufgabe erweisen, in Abhängigkeit vom Umfang, in dem Daten im gemeinsamen Zugriff verarbeitet werden sollen oder vom Bedarf an Synchronisation zwischen den dezentralisierten Datenbankbeständen. Eine Beschäftigung mit Recovery in solchen Systemen sprengt den Rahmen dieses Kapitels.

Auch ein Computer "am hinteren Ende" hat Einfluß auf das Recovery-System, weil alle Recovery-Mechanismen auch vollständig von diesem Computer bearbeitet werden. Außerdem kann ein einzelner Computer als RJE-Station zahlreiche Großcomputer und eine Vielzahl von Benutzergruppen bedienen. Also müssen zentralisierte Recovery-Möglichkeiten für alle Benutzer installiert werden.

Die sorgfältige Untersuchung vieler derzeit bestehender Datenbankanwendungen, die vorgeben, praktisch ohne Brachzeit zu arbeiten, fördert zu Tage, daß dieser Zustand nicht etwa durch einfallsreiche Recovery-Verfahren, sondern einfach durch eine übermäßige Hardwareausstattung erreicht wird. Überhaupt war Recovery bisher nur ein Thema am Rande der Datenverarbeitung, solange Daten nicht Online geändert werden konnten. Folglich erfordert die Beherrschung dieser Technologie hohen Aufwand, insbesondere wenn ein kontinuierlicher Betrieb mit 24 Stunden Produktionszeit angestrebt wird.

ZUSAMMENFASSUNG

Recovery muß als ein integraler Bestandteil aller Maßnahmen zur Gestaltung von Datenbanken angesehen werden. Systemanalytiker und Datenbankgestalter müssen sich die Grundprinzipien des Restarts und Recovery aneignen und während der Gestaltung konsequent anwenden. Die Möglichkeiten des im Betrieb befindlichen DBMS müssen gründlich erfaßt worden sein, bevor Recovery-Instrumente effektiv eingesetzt werden können. Letztlich sind die Anforderungen der Benutzer in bezug auf akzeptable Brachzeiten und angemessenen Systemdurchsatz die wichtigsten Kontrollgrößen.

Quellenangaben:

1. Zehnder, C.A.: "Informationssysteme und Datenbanken", B.G. Teubner, Stuttgart, 1985, S. 174 - 192.
2. Ahrens, F. und Walter, H.: "Datenbanksysteme", de Gruyter, Berlin-New York, 1971, S. 78 - 79.
3. Wiederhold, G.: "Datenbanken: Analyse - Design - Erfahrungen", Oldenbourg Verlag, München Wien 1981, Band 2, S. 198.

7 Konkurrierende Zugriffe

EINLEITUNG

Aus der gemeinsamen Nutzung von Ressourcen durch konkurrierende Anwendungen ergeben sich eine Reihe von Problemen. Für Anwendungen auf Betriebssystemebene war dies schon lange vor dem Einsatz integrierter Datenbanken bekannt. Allerdings bestehen einige grundlegende Unterschiede zwischen einem Betriebssystem und einer integrierten Datenbank:

o Eine Datenbank verfügt über wesentlich mehr gemeinsam nutzbare Elemente als ein Betriebssystem. Jeder Datensatz ist möglicherweise durch mehrere Anwendungen nutzbar. Demgegenüber stehen nur einige Dutzend Elemente eines Betriebssystems für eine gemeinsame Nutzung zur Verfügung.

o Der auf die Datenbank zugreifende Teilnehmerkreis ändert sich wesentlich häufiger als der auf ein Betriebssystem zugreifende. Jedesmal, wenn auf einen neuen Datensatz zugegriffen werden soll, kann sich das Zugriffsmuster ändern.

o Erheblich komplexer sind bei Datenbanken die gemeinsamen Zugriffsarten (z.B. kann eine Datenbank gelesen oder beschrieben werden, oder eine Vielzahl von Datensätzen kann während eines einzigen Verarbeitungsschrittes beteiligt sein).

Ein weiteres Problem muß bei der Analyse der konkurrierenden Zugriffe in einer Datenbankumgebung berücksichtigt werden: eine Datenbank muß ihre Integrität aufrechterhalten und allen Benutzern zu jeder Zeit einen konsistenten Zugriff auf die Daten ermöglichen. Die gemeinsame Nutzung von Daten im Parallelbetrieb kann die Integrität und Konsistenz der Datenbank jedoch negativ beeinflussen.

Die meisten Lösungsvorschläge für die Probleme eines konkurrierenden Zugriffs basieren auf mehreren Varianten von Verriegelungs-
möglichkeiten. Keiner der aktuellen Lösungsvorschläge kann jedoch
das Problem der gegenseitigen Verriegelung (deadlock) durch zwei
Prozesse völlig ausschließen. Die Verhinderung bzw. Beseitigung der
gegenseitigen Verriegelung ist der eigentliche Ansatzpunkt für die
Lösung der Probleme bei konkurrierendem Zugriff auf Datenbanksysteme. In diesem Kapitel werden sie mit ihren Auswirkungen auf
Datenbankintegrität und -konsistenz untersucht.

PROBLEME DES KONKURRIERENDEN ZUGRIFFS

Der Begriff "Datenbankintegrität" umfaßt die Korrektheit, Sicherheit und Zuverlässigkeit von Daten. Die Korrektheit der Daten kann
durch Überprüfung der Dateneingabe, Plausibilitätskontrollen und
Kontrollen der konkurrierenden Anwendungen gewährleistet werden.
Die Datensicherheit kann durch Zugriffsbeschränkungen, Verschlüsse-
lung und zusätzliche Kontrollen erreicht werden. Schließlich kann
die Datenzuverlässigkeit durch Hardware- oder Softwaremonitore
sowie durch Checkpoints und Recovery-Vorkehrungen aufrechterhalten
werden.

Die Datenkonsistenz beinhaltet als wesentlichen Aspekt - ähnlich
der Datenintegrität - die Korrektheit der Daten. Die Aufrechterhaltung der Datenkonsistenz erfordert Maßnahmen zur Verhinderung
semantischer Fehler, die aus dem Zusammenwirken zweier oder mehrerer Anwendungen, die gleichzeitig auf eine Datenbank zugreifen,
entstehen können.

Es gibt drei Hauptursachen für Inkonsistenz, die aus unkontrolliert
ablaufenden konkurrierenden Anwendungen resultieren können:

o Datenverlust bei Änderungsdiensten;
o Lesen inkonsistenter Daten;
o Lesen abgebrochener Änderungen.

Datenverlust bei Änderungsdiensten

Diese Form der Inkonsistenz kann durch folgendes Beispiel erläutert
werden:

1. Transaktion 1 (T1) liest Datensatz A;
2. Transaktion 2 (T2) liest anschließend Datensatz A;
3. T1 verändert den Inhalt von A und schreibt den geänderten Inhalt
   in die Datenbank zurück, wobei der Originalinhalt, der in den
   beiden ersten Schritten gelesen wurde, gelöscht wird;

4. T2 verändert den Inhalt des in Schritt (2) gelesenen Datensatzes
   und schreibt den geänderten Inhalt nach A zurück, wobei die
   bereits zurückgeschriebenen Änderungen aus Schritt (3) überschrieben werden.

Die Änderungen, die in Schritt (3) an A vorgenommen wurden, sind
damit verlorengegangen; wenn beide Transaktionen beispielsweise
einen Zähler in Datensatz A um eins erhöhen, ist der nach Schritt
(4) ausgewiesene Wert des Zählers fälschlicherweise nur um eins
höher als vor Transaktion (1).

Lesen inkonsistenter Daten

Das Problem des Lesens inkonsistenter Daten wird an einem Beispiel
erläutert: Transaktion (1) liest sequentiell nach Nummern die Kundenkonten eines Unternehmens und summiert die Salden dieser Konten;
Transaktion (2) erfaßt Kontenbewegungen und führt die entsprechenden Datenbankänderungen durch. Im gleichen Moment, wie T1 das Konto
500 erreicht, transferiert T2 1.000 DM von Konto 002 nach Konto
998. Diese 1.000 DM werden nun von T1 doppelt gezählt (da T1 bei
Konto 500 steht, wurde der Betrag für Konto 002 bereits berücksichtigt; sobald T1 Konto 998 erreicht, werden erneut 1.000 DM ad-
diert); somit wird ein inkonsistentes Ergebnis ausgewiesen. Ein
ähnlicher Fall tritt ein, wenn mit einer Transaktion (3) neue
Konten in die Datenbank eingeführt werden; T1 wird dann einige der
neuen Konten berücksichtigen und andere nicht.

Lesen abgebrochener Änderungen

Beispiel: T1 überweist 100.000 DM auf Konto 50 und T2 liest den
geänderten Datensatz kurz nach der erfolgten Änderung. Kurz danach
wird T1 angewiesen (z.B. durch eine Abbruchanweisung), daß in Wirk-
lichkeit nur 100 DM zu addieren waren. T1 kann ohne weiteres den in
der Datenbank gespeicherten Wert korrigieren, doch wird T2 mit dem
falschen Wert weiterarbeiten.

Eine sinnvolle Definition des Begriffs "Datenbankkonsistenz" muß
berücksichtigen, daß jede Transaktion unabhängig ist und unabhängig
von anderen Transaktionen auf die Datenbank wirken sollte. In
diesem Zusammenhang wird folgende Definition des Begriffs "Datenbankkonsistenz" vorgeschlagen:

Eine Datenbank ist nach der Ausführung mehrerer Transaktionen, die parallel ablaufen und die auf der Basis gemeinsam genutzter Daten durchgeführt wurden, konsistent, wenn ihr Status identisch ist mit dem, der sich ergeben hätte, wenn die Transaktionen nacheinander, ohne Berücksichtigung der Reihenfolge und ohne Überschneidung abgelaufen wären; d.h. jede einzelne Transaktion muß in einem solchen Fall abgeschlossen sein, bevor die folgende beginnen kann.

Da Transaktionen mehr oder weniger zufällig auftreten, ist die Reihenfolge ohne Bedeutung. Wenn beispielsweise T1 zehn Lehrkräfte von der Geschichts- in die Soziologieabteilung überträgt und T2 allen Soziologielehrkräften eine Gehaltserhöhung um fünf Prozent gewährt, ist nicht bekannt und nicht bedeutsam, ob diese zehn Lehrkräfte die Gehaltserhöhung erhalten haben oder nicht. Wichtig ist, daß entweder alle zehn in den Genuß der Erhöhung gekommen sind (dann wurde T1 vor T2 ausgeführt) oder keiner (T1 folgte auf T2). Die Datenbank wäre inkonsistent, wenn fünf der zehn eine Gehaltserhöhung durch diese Transaktionen erhalten hätten und die anderen nicht.

VERRIEGELUNG (LOCKING)

Es scheint eine offensichtliche Lösung für das Problem konkurrierender Zugriffe zu geben. Wenn zwei oder mehr Anwendungen auf dieselben Daten zugreifen, müssen die Daten "verriegelt" werden, so daß zu einem Zeitpunkt nur eine einzelne Anwendung Daten ändern kann.

Zwei grundlegende Verriegelungsarten decken zwei Situationen ab:

o Eine Anwendung (eine Transaktion), die ein Datenelement liest, legt einen Leseriegel (shared lock) auf das Datenelement. Dieser Riegel erlaubt anderen konkurrierenden Anwendungen, das Datenelement zwar ebenfalls zu lesen, aber nicht zu verändern.

o Eine Anwendung, die ein Datenelement ändern will, legt einen exklusiven Riegel (exclusive lock) auf das Datenelement; dadurch wird jede andere Anwendung daran gehindert, das Datenelement zu lesen und zu ändern.

Durch Anwendung der folgenden Regeln kann ein konsistenter Zugriff auf die Datenbank sichergestellt werden:

1. Eine Anwendung sollte einen Leseriegel auf ein Datenelement legen, bevor das Element gelesen wird.

2. Eine Anwendung sollte einen exklusiven Riegel auf ein Datenelement legen, bevor es durch diese Anwendung geändert wird.

3. Ein Leseriegel kann nicht auf ein Datenelement gelegt werden, wenn bereits ein exklusiver Riegel auf dem Element liegt.

4. Ein exklusiver Riegel kann nicht auf ein Datenelement gelegt werden, solange noch ein anderer Riegel auf diesem Element liegt.

5. Eine Anwendung hält einen Leseriegel solange aufrecht, bis alle erforderlichen Lesevorgänge abgeschlossen sind.

6. Eine Anwendung sollte alle exklusiven Riegel aufrechterhalten, bis alle Operationen der Anwendung abgeschlossen sind und schließlich alle modifizierten Daten in die Datenbank zurückgeschrieben wurden.

Die korrekte Anwendung dieser Regeln vermeidet die beschriebenen Inkonsistenzen. Die für die Verdeutlichung der Inkonsistenzen verwendeten Beispiele gelten auch für die Anwendung der Regeln.

Datenverlust bei Änderungsdiensten

T1 soll A verändern, legt also einen exklusiven Riegel auf A. T2 kann damit nicht auf A zugreifen, solange T1 nicht beendet ist. Die von T1 vorgenommene Änderung wird so vor einem unbeabsichtigten Überschreiben mit dem neuen Wert durch T2 geschützt.

Lesen inkonsistenter Daten

T1 legt vor Beginn der Bearbeitung einen Leseriegel auf alle Kundenkonten. T2 kann bei konsequenter Anwendung der Regeln keinen exklusiven Riegel auf die Konten, die durch T2 modifiziert werden sollen, legen und auch keine neuen Konten einfügen (letzteres kann allerdings nicht durch Verriegelung der bereits existierenden Konten erreicht werden, sondern die Satzart "Kundenkonten" muß gegen das Einfügen neuer Sätze dieser Art verriegelt werden). In dem genannten Beispiel würde ein von T1 errichteter Leseriegel auf Konto 998 verhindern, daß T2 Konto 998 verändert, bevor T1 beendet ist.

Lesen abgebrochener Änderungen

Die Transaktion T2 kann den Saldo nicht lesen, bevor T1 die Fehleingabe bestätigt und korrigiert hat (siehe Regel 6).

Die Beschreibung des konkurrierenden Zugriffs bewegte sich bis zu
diesem Punkt um Verriegelung logischer Einheiten (z.B. Datensätze).
Im Rahmen des Einsatzes eines Datenbanksystems kann es notwendig
werden, Riegel auf der physikalischen Ebene einzuführen, etwa durch
Verriegelung eines Sektors auf der Festplatte, sobald ein in diesem
Sektor liegender Datensatz verriegelt werden soll.

DER UMFANG

Das Betriebsverhalten eines Datenbanksystems wird sehr stark durch
die Größe oder den Umfang der zu verriegelnden Datenmenge beeinflußt. Benutzt eine Transaktion beispielsweise eine größere Anzahl
gleichartiger (oder sogar alle) Datensätze, kann es effizienter
sein, einen einzigen Riegel auf die Satzart insgesamt anstelle
einer Vielzahl von Riegeln auf die einzelnen Sätze zu legen. Der
Systemgestalter muß diese Alternativen beachten und die günstigste
Alternative auswählen. So ist beispielsweise zu berücksichtigen,
daß bei der Satzartverriegelung keine andere Anwendung einen verriegelten Satz lesen oder ändern kann, solange diese Transaktion
abläuft.

Ullman schlägt vor (1), die Größe einer verriegelbaren Datengruppe
so zu wählen, daß eine Transaktion nur "einige" Elemente verriegelt. Das Element kann dabei ein Datensatz sein, wenn Einzelfälle
der Datenbank zu bearbeiten sind; das Element kann aber auch eine
Relation sein, wenn die Transaktion Verknüpfungen, Selektionen und
ähnliches mit Hilfe der Relationen einer relationalen Datenbank
ausführt.

Zur flexibleren und effizienteren Lösung des Größenproblems
schlagen Gray und andere Autoren (2) ein anderes Vorgehen vor. Bei
diesem Ansatz werden Datenarten und -inhalte zunächst hierarchisch
angeordnet (z.B. in der Reihenfolge: Datenbank, Datei, Satzart,
Einzelsatz). An jedem Knotenpunkt der Hierarchie wird ein Hinweis
angebracht, daß ein nachfolgender Knoten verriegelt ist. Dadurch
wird mehreren Transaktionen ermöglicht, unterschiedliche Teilbäume
der Hierarchie ohne unnötigen Verriegelungsaufwand zu bearbeiten.

SPEZIELLE PROBLEME UND LÖSUNGEN

Eine Reihe von Problemen im Rahmen der Gesamtproblematik "konkurrierende Zugriffe" erfordern spezielle Lösungen. Folgende
Problemkreise werden angesprochen:

o Umfangreiches Lesen;
o Temporäre Inkonsistenz;
o Konsistenzebenen;
o Implizite versus explizite Verriegelung;
o Prädikative Verriegelung.

Umfangreiches Lesen

In einem früheren Beispiel sollte eine Anwendung sequentiell einen
ganzen Abschnitt der Datenbank lesen, während andere Anwendungen
darauf warteten, denselben Bereich ändern zu können. Bliebe dieser
Bereich unverriegelt, so ergäbe sich kein konsistenter Zugriff auf
die Daten; wäre der Bereich verriegelt, müßten die anderen Transaktionen möglicherweise unvertretbar lange auf ihre Ausführung
warten. Eine Lösung dieses Problems besteht darin, den entsprechenden Bereich der Datenbank für den betroffenen Zeitraum zu verriegeln und eine Kopie des benötigten Bereiches anzufertigen, auf
die dann nach Belieben zugegriffen werden kann. Bei größeren Bereichen erweist sich diese Lösung jedoch zumindest als unpraktisch,
wenn nicht sogar als undurchführbar.

Eine schnellere, aber komplexere Alternative besteht darin, eine
zeitmarkierte Kopie der alten Version eines Datensatzes beizubehal-
ten, wenn dieser Satz modifiziert wird und andere Anwendungen
darauf zugreifen wollen. Gelangt der Lesevorgang zu einem modifizierten Datensatz, kann er die Satzkopien anhand der Zeitmarkierung
durchsuchen und die jeweils richtige Kopie benutzen. Somit können
fast beliebig viele Transaktionen simultan und unabhängig voneinander dieselben Daten lesen. Natürlich ist Vorsorge für das rechtzeitige Löschen der Kopien zu treffen, die nicht länger benötigt
werden. Es ist zu betonen, daß sich diese Methode nur als Lösung
bei Lesevorgängen eignet.

Temporäre Inkonsistenz

Bestehen Auflagen hinsichtlich der Integrität der Datenbank und
sollen aus vielen Einzelschritten bestehende Transaktionen die
Datenbank bearbeiten, kann der Fall eintreten, daß eine oder mehrere der Auflagen zeitweise verletzt werden. Beispiel: Eine Bedingung legt fest, daß die Summe aller Konten 1.000.000 DM beträgt.
Diese Bedingung ist nicht erfüllt, wenn eine Teiltransaktion 1.000
DM von einem Konto abgebucht, aber noch nicht auf dem Zielkonto
zugebucht hat. Somit werden Anweisungen erforderlich, die die Prüfung der Auflageneinhaltung unterdrücken bzw. wieder freigeben.

Konsistenzebenen

Bislang wurde angenommen, daß jede Transaktion konsistenten Zugriff
auf die Datenbank benötigt. In einem IBM-System (das System "R")
werden drei Ebenen der Konsistenz für Lesevorgänge angeboten (eine
vollständige Änderungskonsistenz wird durch das Datenbanksystem
gewährleistet):

o Ebene 1 - Eine Transaktion darf Veränderungen der Datenbank, die
  durch eine andere Transaktion bewirkt wurden, auch lesen, bevor
  letztere beendet ist und die geänderten Daten der Datenbank
  definitiv übergeben wurden.

o Ebene 2 - Für Lesevorgänge wird nicht mehr die Reproduzierbarkeit
  erzwungen (Daten, die zum zweitenmal innerhalb einer Transaktion
  gelesen werden, müssen nicht zwangsläufig den Inhalt haben, den
  sie beim ersten Lesen hatten); diese Eigenschaft kann durch die
  Transaktion temporär abgeschaltet werden.

o Ebene 3 - Durch das Datenbanksystem wird jederzeitige Konsistenz
  gewährleistet.

Diese Konstruktion erlaubt eine höhere Flexibilität hinsichtlich
der Ausgewogenheit der Anforderungen von Anwendungs- und Transak-
tionsarten gegenüber dem Aufwand für die Kontrolle des konkurrierenden Zugriffs.

Implizite versus explizite Verriegelung

In manchen Systemen wird eine Verriegelung implizit vorgenommen,
gesteuert durch ein beliebiges Zugriffskommando, das an das DBMS
übermittelt wird (das DBMS regelt selbständig, welche Verriegelungen oder Entriegelungen für die Aufrechterhaltung der Datenbankkonsistenz erforderlich sind). In dieser Betriebsart verfügt das
DBMS jedoch über keinerlei Möglichkeit, zu erkennen, welche Absich-
ten der Benutzer verfolgt bzw. welche Anforderungen er jeweils
stellt. Es ist zu vermuten, daß das DBMS wahrscheinlich mehr Datenelemente als unbedingt erforderlich verriegelt. Andererseits wird
der Benutzer von der Sorge um Probleme des konkurrierenden Zugriffs
entlastet.

Bei Datenbanksystemen, die Datenbanken explizit verriegeln können,
kann der Benutzer eine Feinabstimmung der Steuerung des konkurrierenden Zugriffs vornehmen, in dem nur solche Elemente verriegelt
werden, die unbedingt verriegelt sein müssen und auch nur, solange
die Verriegelung unbedingt erforderlich ist. Die explizite Verriegelung legt aber auch eine hohe Verantwortung in die Hände des Be-
nutzers/Programmierers, da Fehler bei der Festlegung der Verriege-
lungsbedingungen die Datenbankintegrität gefährden können.

Prädikative Verriegelung

Im allgemeinen basieren die beschriebenen Verriegelungstechniken
darauf, daß alle betroffenen Elemente mit einem Riegel versehen
werden. Dieser Riegel wird individuell, in Abhängigkeit von den
internen Vorgängen im Datenbanksystem auf die Daten gelegt. Gibt es

eine größere Anzahl zu verriegelnder Elemente – und dies ist bei Datenbanken als Normalfall anzusehen – kann der Aufwand für die Ver- und Entriegelung sehr groß werden. Zur Beseitigung dieses Problems wurde das Prinzip der prädikativen Verriegelung entwickelt.

Ein prädikativer Riegel besteht aus einer Beschreibung oder Spezifikation der Gruppe von Elementen, die bei Auftreten einer bestimmten Konstellation zu verriegeln sind, d.h. es wird ein logisches Prädikat definiert, so daß jedes Element, auf welches die Bedingung zutrifft, verriegelt wird. Anstatt sich um eine Vielzahl von Riegeln kümmern zu müssen, braucht das DBMS lediglich eine vergleichsweise geringe Anzahl von Prädikaten zu verwalten.

Beispiel: Es sei ein Auszug aller Girokonten mit einem Kontostand über 1.000 DM eines bestimmten Kreditinstitutes zu erstellen. Das Prädikat lautet:

    ZWEIGSTELLE EQUAL 814 AND SALDO GREATER 1000

Will eine andere Anwendung einen Kontostand verändern, überprüft das Prädikat, ob der fragliche Datensatz verriegelt ist. Eine Erweiterung dieses Verfahrens besteht darin, zu überprüfen, ob ein neu erstelltes Prädikat zu einem anderen, derzeit aktiven Prädikat, in Widerspruch steht.

Die Menge aktiver Riegel ist bei einem prädikativen Verriegeln weitaus geringer als bei Verriegelung auf der unteren (Daten–) Ebene. Die Verriegelung auf der unteren Ebene verlangt, daß jedes Datenelement, auf das die Beschreibung durch das Prädikat paßt, einzeln verriegelt wird. Damit ergibt sich durch diese Art der Verriegelung ein geringerer Speicherbedarf hinsichtlich der Riegelliste. Auch der interne Aufwand für die Verwaltung der Riegel sinkt.

Theoretisch stellen prädikative Riegel die optimale Methode sowohl für die Spezifizierung als auch für die Benutzung von Riegeln dar. In der Praxis treten jedoch z.B. dann Probleme auf, wenn versucht wird, eine Datenmenge zu identifizieren, die durch ein sehr komplexes Prädikat spezifiziert worden ist.

Die Datenbankverriegelung in COBOL (CODASYL DML)

Die Datenbankverriegelung in COBOL verdient eine besondere Erwähnung. Wird ein in der Datenbank gespeicherter Satz durch eine Leseoperation angesprochen, wird ein Zugriffsriegel eingerichtet. Der Riegel bleibt bestehen, solange der Satz benutzt wird; damit werden andere Transaktionen daran gehindert, eine Schreiboperation mit diesem Satz auszuführen.

Wird ein Satz durch eine Schreiboperation angesprochen (z.B. durch die Anweisung FIND FOR UPDATE), wird ein exklusiver Veränderungsriegel eingerichtet. Dieser Riegel wird bis zum Ende der Operation beibehalten. Der Riegel verhindert jeden weiteren Zugriff auf den Datensatz.

Reaktion auf einen Riegel

Ein Datenbanksystem hat zwei Möglichkeiten, wenn eine Anwendung einen verriegelten Satz anzusprechen versucht:

o Eine Statusmitteilung wird an die Anwendung übermittelt, die dem ablaufenden Programm anzeigt, daß es auf einen Riegel gestoßen ist. Die abgewiesene Anwendung wird in eine Warteschlange umgelenkt, in der sie immer wieder versucht, den Befehl abzusetzen, bis der verriegelte Datensatz freigegeben wird.

o Die Anwendung wird abgebrochen und in eine Warteschlange umgeleitet, um die Verfügbarkeit des Satzes abzuwarten und um dann reaktiviert zu werden.

In einigen Datenbanksystemen ist es möglich, daß die auflaufende Anwendung "wählen" kann, welche der beiden Möglichkeiten erwünscht ist.

GEGENSEITIGE VERRIEGELUNG (DEADLOCK)

Die einfachste Art gegenseitiger Verriegelung wird im folgenden Beispiel illustriert:

1. Anwendung A verriegelt Datensatz X exklusiv;
2. Anwendung B verriegelt Datensatz Y exklusiv;
3. Anwendung A versucht, auch Datensatz Y exklusiv zu verriegeln, wird aber in eine Warteschleife geschickt;
4. Anwendung B versucht, ebenfalls Datenquelle X exklusiv zu verriegeln und wird in eine Warteschleife geschickt.

A wartet darauf, daß B Satz Y freigibt, was B aber nicht kann, da B darauf wartet, Zugriff auf X zu bekommen. Keine der Anwendungen kann fortgesetzt werden und es tritt eine gegenseitige Verriegelung ein.

Eine gegenseitige Verriegelung kann nur auftreten, wenn fünf Bedingungen gleichzeitig erfüllt sind:

o Konkurrierender Zugriff – Zwei oder mehr Anwendungen sind gleichzeitig bestrebt, auf zwei oder mehr Datenmengen exklusiv zuzugreifen;
o Verriegelung – Nur eine Anwendung kann die exklusive Nutzung der
  Daten erreichen;
o Zusätzliche Verriegelung – Eine Anwendung kann weitere Riegel
  anfordern, während sie bereits Riegel auf bestimmte Daten gelegt
  hat;
o Keine "Enteignung" – Keiner Anwendung kann ein Datensatz zwangs-
  weise entzogen werden, nachdem der Datensatz verriegelt wurde;
o Zirkuläre Warteschleifen – Es kommt zu einer Verarbeitungsschlei-
  fe, in der jede Anwendung eine Datenmenge verriegelt, die von der
  nächsten Anwendung der Schleife angefordert wird.

Dem Problem der gegenseitigen Verriegelung kann durch das Vermeiden
einer beliebigen dieser fünf Bedingungen abgeholfen werden.

Es gibt grundsätzlich vier Methoden zur Auflösung einer gegenseitigen Verriegelung:

o Ignorieren der gegenseitigen Verriegelung;
o Auflösen der gegenseitigen Verriegelung;
o Vermeiden gegenseitiger Verriegelung;
o Abwendung ungünstiger Bedingungskonstellationen.

Ignorieren der gegenseitigen Verriegelung

Es sind keine Möglichkeiten zur automatischen Auflösung einer gegenseitigen Verriegelung in das Datenbanksystem integriert. Wenn
die gegenseitige Verriegelung auftritt, muß sie durch externe
Hilfsmittel erkannt werden (z.B. durch eine Meldung an einen Operator oder einen Benutzer, daß eine Anwendung einen bestimmten
Schwellenwert für eine Wartezeit überschritten hat). Dann kann eine
der beteiligten Anwendungen durch externe Maßnahmen abgebrochen
werden. Sind Änderungen durch die abgebrochene Anwendung bereits
durchgeführt und abgeschlossen worden, müssen diese Änderungen
allerdings wieder rückgängig gemacht werden, damit die Datenbankkonsistenz gewährleistet bleibt. Stärker ausschlaggebend für die
Diskussion sind jedoch die untragbaren Verzögerungen, die sich
durch ein solches Vorgehen ergeben. Gegenseitige Verriegelungen
sind in einer Datenbank wesentlich häufiger zu erwarten als in
einem Betriebssystem. Das Problem der gegenseitigen Verriegelung
einfach zu ignorieren ist daher keine praktikable Lösung.

Auflösen der gegenseitigen Verriegelung

Im Beispiel könnte die Verriegelung erkannt werden, wenn B die von
A in Beschlag genommenen Daten anfragt und somit den "Kreis

schließt". Das Konzept des Erkennens und Auflösens gegenseitiger Verriegelung erfordert zunächst, daß die gegenseitige Verriegelung überhaupt erkannt werden kann. Dazu ist es erforderlich, den Status der Datenbank in bezug auf die aufeinander einwirkenden Anwendungen und Daten zu jedem beliebigen Zeitpunkt zu protokollieren. Die gesammelten Statusinformationen werden immer dann aktualisiert, wenn eine Anwendung aktiviert oder beendet wird oder wenn ein Datenblock verriegelt oder freigegeben wird.

Sobald die gegenseitige Verriegelung erkannt ist, muß anschließend das komplexere Problem der Auflösung bewältigt werden. Es existieren dafür zwei Ansätze. Der erste Ansatz erfordert den Abbruch einer oder mehrerer der sich gegenseitig verriegelnden Anwendungen; der andere sieht die Datenenteignung bei einer oder mehreren Anwendungen vor.

Es erscheint in diesem Zusammenhang sinnvoll, einen Algorithmus zu verwenden, dessen Aufgabe es ist, den optimalen Rückweg zur Beseitigung der gegenseitigen Verriegelung zu bestimmen. Weil der Aufwand für die Auflösung sehr groß werden kann, müssen Möglichkeiten zur Beschleunigung in Betracht gezogen werden (z.B. Abarbeiten einer Anwendung auf der Kopie eines Datenbankteils). Endet die Anwendung erfolgreich, werden Zeiger aktualisiert, um die geänderte Kopie in die Datenbank einzufügen, wobei gleichzeitig das alte Original aus der Datenbank entfernt wird. Ist eine Auflösung erforderlich, wird einfach das Original an seinem Platz belassen und die Kopie gelöscht.

Vermeiden gegenseitiger Verriegelung

Das Vermeiden gegenseitiger Verriegelung erfordert Vorabinformationen über den Datenbedarf einer Anwendung. Wie bei der Erkennung der gegenseitigen Verriegelung ist auch hier das Sammeln von Statusinformationen erforderlich.

Um die gegenseitige Verriegelung zu vermeiden, muß das DBMS die von der fraglichen Anwendung angeforderten Daten untersuchen und bestimmen, ob der Zugriff durchgeführt werden kann; ist das nicht der Fall, wird die Anwendung in eine Warteschlange umgelenkt. Gibt eine aktive Anwendung die von ihr benutzten Daten wieder frei, werden alle Anwendungen in der Warteschlange erneut auf Zugriffszulässigkeit überprüft.

Aus dem Vermeiden gegenseitiger Verriegelung ergeben sich Kosten für die Verwaltung der Statusinformationen. Es besteht auch die Möglichkeit längerer Blockaden einzelner Anwendungen. Dieser Nachteil kann dann vermieden werden, wenn für jede Anwendung ein Zähler eingerichtet wird, der angibt, wie oft ein Zugriffsversuch vorgenommen wurde. Erreicht der Zähler einen Schwellenwert, können Maßnahmen eingeleitet werden, um die am längsten wartenden Anwendungen zu aktivieren. Bei Verriegelung auf einer unteren (Datenfeld-)Ebene ist die Vorab-Spezifizierung, welche Daten eine Anwendung benötigt, ausgeschlossen, weil der Fall eintreten kann, daß auf Daten zugegriffen wird, deren Werte auf weitere Daten verweisen. Daher kann unter diesen Umständen diese Möglichkeit nicht angewendet werden.

Bei einem Verriegelungskonzept auf höherer Ebene erlaubt das Prädikat die Möglichkeit zur Vorab-Bestimmung der angeforderten Daten. Das DBMS untersucht die Prädikate auf mögliche Konflikte und gewährt nur zulässige Zugriffe. Dieser Zusammenhang stellt ein weiteres Argument für den Einsatz der prädikativen Verriegelung dar.

Abwendung ungünstiger Bedingungskonstellationen

Die gegenseitige Verriegelung kann nur dann auftreten, wenn die beschriebenen fünf Bedingungen

o konkurrierender Zugriff,
o Verriegelung,
o zusätzliche Verriegelung,
o keine Enteignungsmöglichkeit und
o zirkuläre Warteschleifen

gleichzeitig erfüllt sind. Kann eine oder mehrere dieser Bedingungen abgewendet werden, ist eine gegenseitige Verriegelung nicht möglich. Dieses Konzept kann auf folgende Grundstruktur zurückgeführt werden:

o Aufreihung;
o Einordnung;
o Enteignung;
o Voranfrage.

Der konkurrierende Zugriff kann generell durch einen "Aufreihungsmechanismus" vermieden werden, der alle Anwendungen so anordnet, daß sie nacheinander ausgeführt werden. Alle Probleme des konkurrierenden Zugriffs könnten dadurch gelöst werden; freilich würde dies zu einer völlig untragbaren Ineffizienz bei der Verarbeitung führen.

Die Einordnung dient dazu, zirkuläre Warteschleifen zu umgehen. Dieses Vorgehen bedingt die Anordnung aller Datengruppen in einer Reihenfolge, wobei sich alle weiteren Zugriffe an diese Reihenfolge halten müssen. Somit ist das Auftreten zirkulärer Warteschleifen ausgeschlossen und eine gegenseitige Verriegelung kann nicht eintreten.

Eine weitere Bedingung für gegenseitige Verriegelung legt fest, daß keiner Anwendung Daten enteignet werden dürfen. Die offensichtliche Lösung besteht darin, eine Enteignung zuzulassen. Wird die Gefahr einer gegenseitigen Verriegelung erkannt, verhindert die Enteignung das Auftreten einer gegenseitigen Verriegelung; diese Maßnahme erfordert jedoch den Abbruch der betroffenen Anwendung sowie das Rekonstruieren der von dieser Anwendung bereits vorgenommenen Änderungen, damit diese nicht wirksam werden und die Datenbankkonsistenz weiterhin gewährleistet ist.

Die Bedingung, weitere Verriegelungen zuzulassen, kann aufgehoben werden, indem jeder Prozeß direkt zu Beginn sämtliche von ihm benötigten Daten über eine Voranfrage anfordert. Schwierigkeiten können dann auftreten, wenn durch die ersten Daten, auf die zugegriffen wird, im Laufe der Verarbeitung auf weitere Daten, die später benötigt werden, verwiesen wird.

Dieser Fall erfordert das Zerlegen der Anwendungen in mehrere Unterprozesse, von denen jeder selbst seine Datenanforderungen vornimmt. Zu Beginn eines solchen Unterprozesses werden die angeforderten Daten verriegelt und am Ende wieder freigegeben. Allerdings verlangt diese Möglichkeit, daß die Anwendungen so zerlegt werden, daß Datenbankkonsistenz und Integrität der Anwendung gewährleistet bleiben.

In allen Varianten einer Voranfrage muß eine Restriktion beachtet werden: Es darf nicht zugelassen werden, daß eine Anwendung Daten verriegelt, verändert und dann einen Riegel auf neue Daten anfordert.

Die Methode der Voranfrage ähnelt der Vermeidungsmethode. Für eine Verriegelung auf höherer Ebene ist die Voranfragemethode sogar mit der Vermeidungsmethode weitgehend identisch. Der Unterschied besteht darin, daß bei einer Verriegelung auf unterer Ebene die Vermeidungsmethode keine Zerlegung von Anwendungen in mehrere Unterprozesse vorsieht.

ZUSAMMENFASSUNG

Anwendungen mit konkurrierendem Zugriff müssen gesteuert werden, damit die Integrität der Anwendung und die Datenbankkonsistenz gewährleistet bleiben. Jedes Steuerungsverfahren für konkurrierende Anwendungen sollte folgende Möglichkeiten bieten:

o Das Verfahren sollte in der Lage sein, die Datenbankkonsistenz aufrechtzuerhalten, unabhängig von den durch eine Anwendung ausgelösten Aktionen.

o Das Verfahren sollte unabhängig von externen Hilfen (z.B. Eingriff durch einen Operator) funktionieren.

o Um eine gegenseitige Verriegelung zu verhindern, sollte keine
  Anwendung zugelassen werden, die eine andere Anwendung permanent
  blockiert.

o Das Verfahren sollte eine Verriegelung in einem Datenumfang ermöglichen, der zur Sicherung angemessener Verarbeitungseffizienz
  geeignet ist.

Zusätzlich sollte das Verfahren den Benutzer von den Problemen des
konkurrierenden Zugriffs entbinden. Der Benutzer darf nicht für
eine durch Wechselwirkung zwischen konkurrierenden Anwendungen
gefährdete Datenintegrität verantwortlich gemacht werden. Kein Benutzer soll sich überhaupt Gedanken über eventuell konkurrierende
Anwendungen machen müssen.

Eines der besten Verfahren zur Festlegung und für das Errichten von
Riegeln ist das prädikative Verriegeln. Unglücklicherweise ist
jedoch jedes Verfahren mit dem Risiko der gegenseitigen Verriegelung durch konkurrierende Anwendungen behaftet. Es ist bisher noch
nicht geklärt, welcher der hier beschriebenen Ansätze zur Vermei-
dung und Beseitigung dieser Probleme am günstigsten ist.

Quellenangaben:

1. Ullman, J.: "Principles of Database Systems", Potomac MD:
   Computer Science Press, 1980.
2. Gray, J.N., Putzolu F. und Traiger, I.: "Granularity of Locks
   and Degrees of Consistency in a Shared Data Base", Modeling in
   Data Base Management Systems, Amsterdam: North-Holland, 1976, S.
   365-394.

Literatur:

Date, C.J.: "An Introduction to Database Systems", 2. Auflage,
   Reading MA: Addison-Wesley, 1977.
Eswaren, K.P. u.a.: "On the Notions of Consistency and Predicate
   Locks", Communications of the ACM, Bd. 19, Nr. 1, November 1976,
   S. 624-633.
Gray, J.N.: "Notes on Data Base Operating Systems: Operating Sy-
   stems - An Advanced Course", Hrsg. P. Bayer u.a., New York:
   Springer-Verlag, 1978, S. 393-481.
Potier, D. und Leblanc, Ph.: "Analysis of Locking Policies in
   Database Management Systems", Communications of the ACM, Bd. 23,
   Nr. 10, Oktober 1980, S. 584-593.
Ries, D.R. und Stonebraker, M.R.: "Effects of Locking Granularity
   in a Data Base Management System", ACM Transactions Data Base
   Systems, Bd. 2, Nr. 3, September 1977, S. 233-246.

Ries, D.R. und Stonebraker, M.R.: "Locking Granularity Revisited",
    ACM Transactions Data Base Systems, Bd. 4, Nr. 2, Juni 1979, S.
    210–227.
Schiao, K. und Ozsu, T.M.: "A Survey of Concurrency Control Mecha-
    nisms for Centralized and Distributed Data Bases", Ohio State
    University Computer and Information Science Research Center,
    OSU–CISRC–TR–81–1, Februar 1981.
Stonebraker, M. und Wong, E.: "Access Control in a Relational Data
    Base Management System by Query Modification", Proceedings
    1977, ACM Annual Conference, S. 180–186.
Yannakakis M., Papadimitriou, C.H. und Kung, H.T.: "Locking Poli-
    cies: Safety and Freedom from Deadlock", IEEE Proceedings 20th
    Annual Symposium Foundations of Computer Science, 1979, S. 286–
    297.

8 Verwaltung von verteilten Datenbanken

EINLEITUNG

Im allgemeinen kommen Datenbanken in einer zentralisierten DV-Umgebung zum Einsatz, d.h. alle zur Datenbank gehörenden Daten sind an einem einzigen Ort unter der Kontrolle eines DBMS abgelegt. Die Kontrolle einer zentralisierten Umgebung wird von einem leitenden Angestellten übernommen, der die Verantwortung für den gesamten Datenbestand übernimmt. Diese Form der Kontrolle garantiert die Integrität der von einer großen Anzahl von Benutzern und Anwendungen benutzten Datenbanken.

In einer verteilten Datenbankumgebung ist eine Kontrolle der Anwender und der Anwendungen sowie deren Koordination an mehreren räumlich voneinander getrennten Orten erforderlich. Daher kann es nicht erwünscht sein (es sollte sogar ausgeschlossen sein), einem zentralen Team die Kontrolle über Daten und Datenbanken allein zu übertragen. Diese Aufgaben sollten an mehreren Orten parallel wahrgenommen werden.

Die Dezentralisierung von Daten birgt die Gefahr, daß die Vorkehrungen des DBMS geschwächt werden. Die Datenbankkonzepte, die in einer zentralisierten Umgebung Kontrollmöglichkeiten sicherstellen, erweisen sich in einer verteilten Umgebung nicht selten als unzulänglich. Die Verteilung von Daten erweist sich am ehesten bei Konzernen mit mehreren autonomen und dezentralisierten Unternehmensbereichen als sinnvoll. Es ist zu vermuten, daß sich bei diesem Unternehmenstyp schnell Probleme bei zentraler Datenverwaltung zeigen werden.

Ziel ist, einen sinnvollen Kompromiß zwischen dezentraler Verarbeitung und Datenverwaltung einerseits und dem Bedarf an zentralisierter Koordination und Kontrolle der Datenbestände andererseits herbeizuführen. Dieses Kapitel stellt die Daten- und Datenbankverwaltung in einer verteilten Datenbankumgebung vor. Zunächst werden jedoch die für die Erörterungen benötigten Begriffe definiert.

Datenbankverwaltung

Die Datenbankverwaltung ist in erster Linie eine technische Aufgabe. Sie steht in enger Wechselwirkung zur Systemprogrammierung
und Anwendungsentwicklung, d.h. sie vereinigt die wesentlichen
Aspekte beider DV-Funktionen. Die Aufgabe der Datenbankverwaltung
ist eng mit der Wartung der DBMS-Software verbunden, den Datenbankdateien und den Anwendungen, die auf die Daten zugreifen.

Die Datenbankverwaltung soll die vollständige Kontrolle und die
letztinstanzliche Autorität für die Datenbankdateien, deren Gestaltung und Integrität sowie für die Spezifikation weiterer im Zusammenhang mit dem DBMS eingesetzter Dienstprogrammfunktionen erhalten. Da die Aufgaben der Datenbankverwaltung an das DBMS und seine
technischen Grundbedingungen geknüpft sind, ist dieser DV-Funk-
tionsbereich ortsabhängig.

Datenverwaltung

Obwohl auch die Datenverwaltung alle Funktionen eines Datenbankverwaltungssystems betrifft, sind dennoch einige Unterschiede zu beachten. Während sich die Aufgabe der Datenbankverwaltung im üblichen Sinne auf Anwendungen und Dateien beschränkt, die das DBMS
benutzen, nimmt die Datenverwaltung auf sämtliche Daten eines Unternehmens Bezug. In vielen Unternehmen mit einem Datenverwaltungs-
team ist das Datenbankverwaltungsteam diesem Funktionsbereich un-
tergeordnet. Die Datenverwaltung ist stärker an den Benutzern und
deren Aufgaben orientiert als die Datenbankverwaltung, deren Benutzer selbst in den Bereich der Datenverarbeitung gehören und sich
vornehmlich um technische Probleme zu kümmern haben. Abbildung 8.1
zeigt die organisatorischen Beziehungen zwischen Daten- und Datenbankverwaltung.

Verteilte Datenverarbeitung

Verteilte Datenverarbeitung bedeutet, daß sich einige der im folgenden aufgeführten DV-Funktionsbereiche an räumlich verschiedenen
Orten befinden:

o Dateneingabe;
o Datenbearbeitung;
o Datenspeicherung;
o Datenabruf;
o Datenausgabe.

Die räumlich verschiedenen Orte (oder Knotenpunkte) sind durch ein
Datenfernverarbeitungsnetz miteinander verbunden.

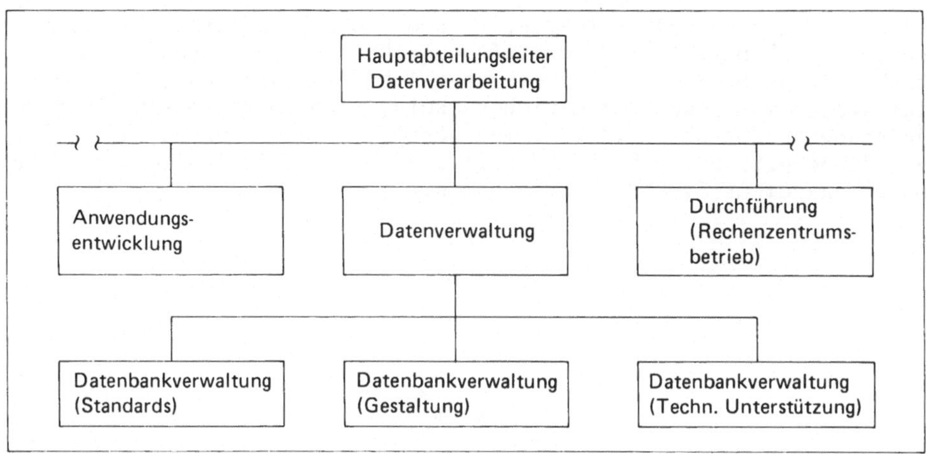

Abbildung 8.1: Beziehungen zwischen Daten- und Datenbankverwaltung

Verteilte Datenbanken

Die CODASYL-Gruppe definiert eine Datenbankumgebung folgendermaßen:

Eine Datenbankumgebung umfaßt

o eine Datenbank,
o ein DBMS,
o eine Datenbankdefinition (Schema) sowie
o ein Anwendungssystem.

Die Verteilung von Datenbankfunktionen auf mehrere Orte führt zu einer verteilten Datenbankumgebung.

Um seiner Aufgabe gerecht zu werden, ist es erforderlich, daß ein DBMS alle Datenbanktransaktionen kontrolliert. Anders ausgedrückt: das Charakteristikum, das den Unterschied zwischen einer Datenbankumgebung und einer Nicht-Datenbankumgebung ausmacht, ist die Tatsache, daß bei einer Datenbankumgebung alle auf Dateien bezogene Transaktionen nicht unmittelbar, sondern über das DBMS vorgenommen und kontrolliert werden.

In einer verteilten Datenbankumgebung (vgl. Abbildung 8.2) müssen die DBMS-Funktionen so gestaltet werden, daß die räumlich verteilten Datenbestände logisch eine integrierte Einheit bilden, unabhängig davon, ob die Datenbestände partitioniert sind oder ob auf duplizierten (und vollständigen) Datenbeständen gearbeitet wird.

Dieser Zusammenhang unterstellt das Vorhandensein von Organi-
sations-, Kontroll- und Zugriffsmöglichkeiten auf Daten der Datenbank, wo auch immer sich diese räumlich befinden; auch die Datenintegrität muß jederzeit gesichert sein, unabhängig davon, von wo
Änderungen der Daten vorgenommen werden. Diese Funktionen werden
von einem Netzwerk-Datenbankverwaltungssystem (NDBMS = Network Data
Base Management System) wahrgenommen.

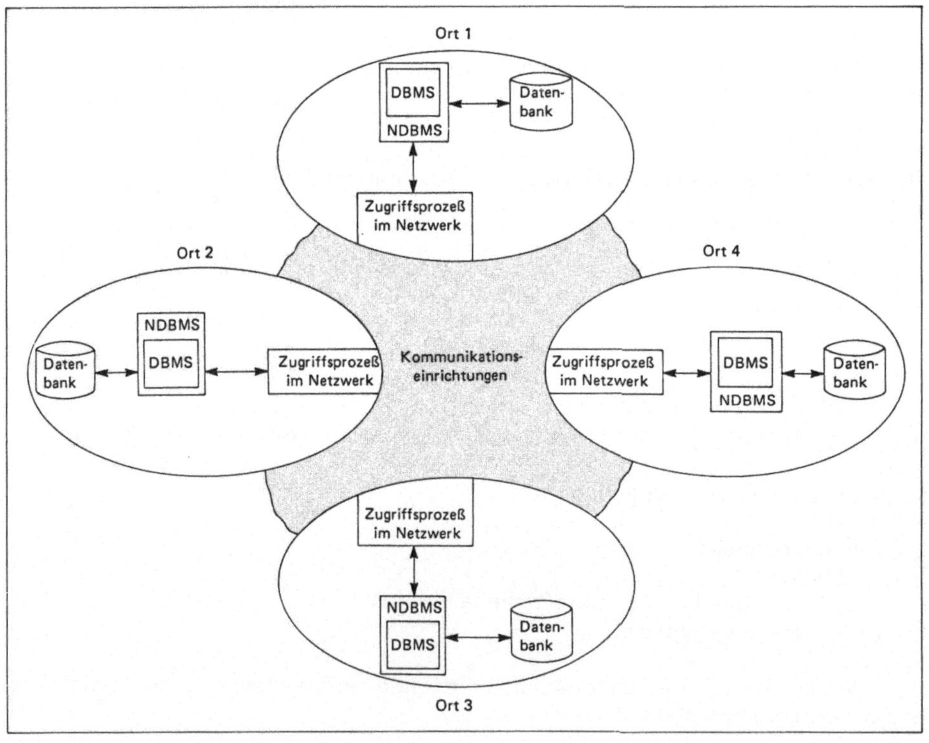

Abbildung 8.2: Verteilte Datenbankumgebung

Verteilte Datenverwaltung

In einer verteilten Datenbankumgebung gibt das zentrale Daten-/Da-
tenbankverwaltungsteam die Rahmenbedingungen für den Aufbau der
dezentralen Datenbanken vor. Diese zentrale Koordinierungsfunktion
soll beispielsweise ermöglichen, daß ein Zusammenfügen dezentraler
Daten zu einem zentralen Informationssystem gewährleistet ist. Die
räumlich verteilten Datenbanken werden hingegen durch die dezentralen Daten-/Datenbankverwalter betreut (vgl. Abbildung 8.3).

EINFLUSS AUF DIE SYSTEMENTWICKLUNG UND DATENBANKGESTALTUNG

Jeder Ort einer verteilten Datenbankumgebung ist autonom und unter-
steht der unmittelbaren Kontrolle dezentraler Systemgestalter, die
sich um die lokal anfallenden Probleme kümmern. Man sieht sich
einer Vielfalt von Aktivitäten gegenüber, die, sofern sie unkontrolliert und unkoordiniert bleiben, zur Inkompatibilität und damit
zu Problemen im Kommunikationsprozeß zwischen den einzelnen Orten
führen.

Zwischen zwei beliebigen Punkten kann es immer nur eine Schnittstelle geben. Allerdings beginnt die Anzahl der Schnittstellen mit
steigender Zahl der Knotenpunkte stark anzuwachsen (vgl. Abbildung
8.4). Die Regulierung des Zugriffs und der Änderungen zwischen den
Knotenpunkten wird vom NDBMS durchgeführt. Das NDBMS repräsentiert
die oberhalb des DBMS gelagerten Funktionen, mit deren Hilfe der
Datentransfer zwischen den einzelnen Knotenpunkten abgewickelt
wird. Zu diesem Zweck muß das NDBMS folgende Datenbanken bearbeiten
können:

o Partitionierte Datenbanken, deren Teilbestände an verschiedenen
  Knotenpunkten gespeichert und verwaltet werden;
o Duplizierte Datenbanken, von denen identische Kopien an mehreren
  Knotenpunkten gespeichert werden;
o Kombinationen von partitionierten und duplizierten Datenbanken.

Obwohl es inzwischen technisch möglich ist, ein NDBMS zu erstellen,
das eine derartige Dezentralisierung unterstützen kann, gestaltet
sich in diesem Zusammenhang die Koordinierung zunehmend komplexer.
Aufgrund sich ändernder örtlicher Gegebenheiten und Anforderungen
driften die Arbeitsbedingungen an den einzelnen Knotenpunkten im
Zeitablauf immer weiter auseinander. Wird einer solchen Entwicklung
nicht entgegengewirkt, besteht die Gefahr, daß sich aus einer
verteilten Datenbankumgebung eine Vielzahl voneinander unabhängi-
ger, kleiner Datenbankumgebungen entwickelt.

Strategien und Richtlinien

Für die Kontrolle dieser Veränderungen und als Kommunikationsbasis
zwischen den Knotenpunkten muß eine der Daten-/Datenbankverwaltung
ähnliche Instanz im Rahmen des NDBMS eingerichtet werden. Dieser
Funktionsbereich verwaltet dann die organisatorischen Schnittstellen zwischen den lokalen Daten-/Datenbankverwaltungsgruppen.
Diese Schnittstellenfunktion muß die drei folgenden Gebiete abdecken:

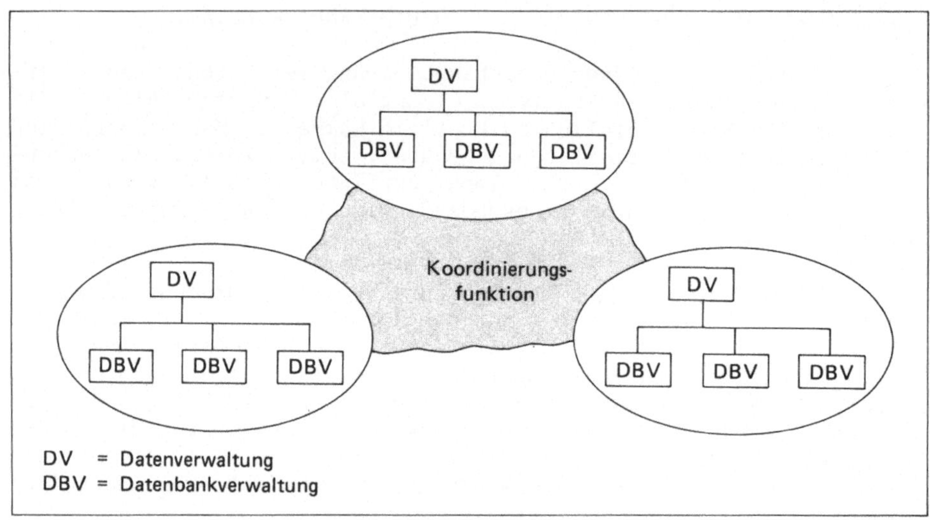

Abbildung 8.3: Verteilte Daten-/Datenbankorganisation

1. Standardisierung des Systementwicklungszyklus

Während der Systementwicklungsphase ist es wichtig, daß die
Punkte herausgestellt werden, die die verteilten Datenbanken
betreffen. Diese Aufgabe kann nur von einer übergeordneten Instanz wahrgenommen werden. Zusätzlich sollten Richtlinien für
die Erstellung einer einheitlichen Dokumentation vorhanden sein,
durch die eine bessere Kommunikation zwischen den einzelnen
Knotenpunkten unterstützt wird.

2. Koordinierung der Datenbankgestaltung

Der Datenbankverwaltung fällt die Aufgabe zu, alle (auch die
dezentralen) Vorgänge im Rahmen der Datenbankgestaltung so zu
koordinieren, als ob man nur an einem Ort daran arbeiten würde.
Diesem zentralisierten Funktionsbereich obliegt die Verantwortung für die Gestaltung der Schnittstellen zwischen den einzelnen Knotenpunkten einer verteilten Umgebung und die Kontrolle
der Datenveränderungen an allen einbezogenen Orten. Weiterhin
erfaßt dieser Funktionsbereich Integritäts-, Gestaltungs- und
Definitionsprobleme, die an einem Knotenpunkt auftreten können
und an anderen ebenfalls beachtet werden müssen. Die dezentrale
Daten-/Datenbankverwaltung befaßt sich hingegen mit allen dezentral anfallenden Aufgaben der Datenbankgestaltung.

Darüber hinaus hilft eine gemeinsame Gestaltungsmethode in einer
verteilten Umgebung sicherzustellen, daß auch alternative Ge-
staltungsentwürfe in Betracht gezogen werden, die von den dezentralen Gestaltungsteams vorgeschlagen wurden.

3. Das Data Dictionary-/Data Directory-System (DD/DS)

Das DD/DS einer verteilten Umgebung kann in zentrale und lokale
Funktionsbereiche untergliedert werden. Das zentrale DD/DS erhält die Aufgabe, definitionsbezogene und ortsbezogene Informationen aller verteilten Daten zu halten. Das lokale DD/DS unterhält die lokalen Metadaten und überträgt über das zentrale DD/DS
diejenigen Änderungen, die im gesamten Netzwerk bekannt sein
müssen. Das zentrale DD/DS einer verteilten Umgebung kann dabei
aufgrund der evolutionären lokalen Prozesse zahlreiche Varianten
der Metadaten enthalten. Es muß sicherstellen, daß Inkompatibi-
litäten, z.B. bei der Datenübertragung, vermieden werden. Die
Kontrolle der Änderungen und die Definition der Datenbanken
erfolgt ebenfalls durch das zentrale DD/DS.

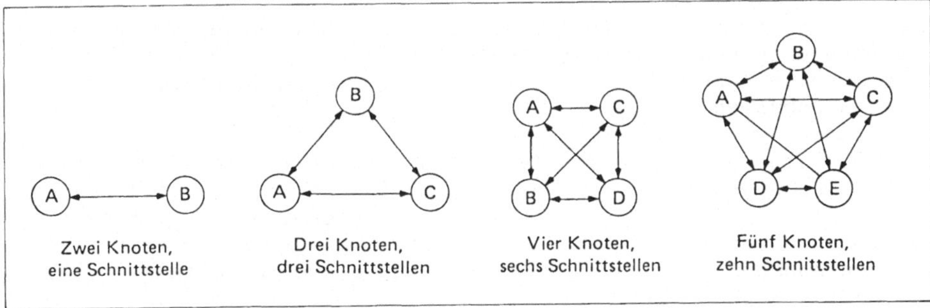

Abbildung 8.4: Anstieg der Schnittstellenzahl

Die Gestaltung verteilter Datenbanken

Folgende Entscheidungen sind bei der Einrichtung verteilter Datenbanken zu treffen:

o Welche Datenbanken sollen verteilt und welche zentralisiert werden?
o Sollen die gespeicherten Datenbestände partitioniert oder dupliziert werden?
o Soll das DD/DS verteilt oder zentralisiert eingerichtet werden
  (oder soll eine kombinierte Form benutzt werden)?
o Wer soll welche Verantwortung und Verfügungsgewalt tragen?

Diese Entscheidungen im Rahmen der Dezentralisierung sind zentral
vorzunehmen, um auf globaler Ebene den bestmöglichen Kompromiß
zwischen Betriebsverhalten und Integrität zu gewährleisten. Dennoch
haben diese Entscheidungen Einfluß auf jeden einzelnen Knotenpunkt.
Obwohl also die Verarbeitung der verteilten Daten lokal erfolgt und
die Verantwortung für die Verarbeitung dezentralisiert ist, müssen
Entscheidungen, die Art und Umfang der Verteilung betreffen, zentral erfolgen.

Dieses Problem wird durch das lokal eingesetzte Personal verstärkt, das bestrebt ist, eigene Datenbanken zu konstruieren. Es ist zu prüfen, wo Entscheidungen in bezug auf die Dezentralisierung aufhören und wo die dezentrale Datenbankgestaltung beginnen sollte. Während leitende Angestellte an dezentralen Knotenpunkten möglicherweise dazu verleitet werden, zu glauben, daß verteilte Daten zu einer größeren Autonomie bei der Entscheidungsfindung führen, werden sich die zentral getroffenen Entscheidungen als stärker einschränkend erweisen, als vorher zu erkennen war. Die Lösung dieses Problems besteht in der Spezifizierung und dem Gebrauch einer sorgfältig erarbeiteten Methode zur Datenbankgestaltung in einer verteilten Umgebung.

Die Komplexität der Umgebung verlangt großes technisches Fachwissen vom Datenbankgestalter und umfangreiche administrative Kontrollen von den jeweiligen Daten-/Datenbankverwaltungsteams. Verstärkt müssen konzeptionelle Anstrengungen hinsichtlich der Datenbankgestaltung unternommen werden, die dazu dienen, einzelne Aktivitäten über mehrere Knoten hinweg zu koordinieren. Standards sind in jedem Fall zu schaffen.

Der Gestalter darf die lokale Umgebung nicht isoliert betrachten. Er muß sich der anderen Bereiche jenseits der Schnittstelle bewußt sein. Der lokale Knoten beinhaltet zahlreiche unabhängige Aspekte, ist aber dennoch nur Teil eines Ganzen, von dem er in wesentlichen Punkten abhängig ist. Der Gestalter muß diese Erkenntnis im Rahmen der Gestaltung berücksichtigen.

ÜBERLEGUNGEN FÜR BETRIEB UND EINSATZ

Durch den Betrieb verteilter Datenbanken entstehen weitere Probleme. Das NDBMS ist so zu implementieren, daß durch Festlegen von Parametern und Erarbeiten von Prozeduren ein kontinuierlicher Betrieb der verteilten Datenbanken gesichert ist.

Verwaltung und Kontrolle

Unabhängig davon, ob wenige oder viele dezentrale Knoten oder wenige oder viele Datenbanksysteme in der verteilten Umgebung existieren, müssen Prozeduren ein koordiniertes und integriertes Funktionieren aller Netzwerkdatenbanken ermöglichen. Diese Prozeduren müssen sicherstellen, daß alle Knoten aus der Sicht der Datenbank ebenso wie aus der Sicht der Dictionaries, Directories und Dokumentation synchronisiert werden. Ferner müssen aufgrund der hohen Abhängigkeit von der Datenbanksoftware alle neuen Softwareversionen durch das Netzwerk koordiniert und verbreitet werden. Die Steuerungs- und Koordinierungsprozeduren sind durch die Wartungsprogrammierer, die die Datenbanken bearbeiten, jeweils auf den aktuellen Stand zu bringen.

Restart- und Recovery-Überlegungen

In einer verteilten Umgebung steigen die Anforderungen an die
Restart- und Recovery-Möglichkeiten, insbesondere wegen der Notwendigkeit der Synchronisation über mehrere Knotenpunkte hinweg und
der damit zusammenhängenden höheren Anzahl von Recoveries. Be-
triebsbezogene Prozeduren müssen sorgfältig eingerichtet werden und
es ist dabei zu berücksichtigen, daß an jedem Knoten des Netzwerkes
Recoveries zu koordinieren und synchronisieren sind.

Alle möglichen Arten von dezentralen oder Netzwerk-Fehlern müssen
erkannt und analysiert werden. Der Status aller Daten an jedem
Knotenpunkt muß als Vorbedingung eines jeden Recovery-Vorgangs
präzise bestimmt werden.

Anders als in der zentralisierten Datenbankumgebung, in der ein
Recovery entweder insgesamt gelingt oder nicht, ist es vorstellbar,
daß in einer verteilten Umgebung an manchen Knotenpunkten das
Recovery gelingt, während es an anderen versagt. Sicherheitskopien
müssen in ausreichendem Maße ständig angelegt werden, um ein Recovery an allen Knotenpunkten zu garantieren und dafür zu sorgen, daß
an einzelnen Knotenpunkten mit der Verarbeitung fortgefahren werden
kann, obwohl an anderen das Recovery fehlschlug. Partitionierte
Datenbanken müssen nach einem Recovery beispielsweise auf Intakt-
heit aller Teilkomponenten untersucht werden. Duplizierte Datenbanken müssen für eine sichere Synchronisation untereinander verglichen und notfalls angepaßt werden.

Aufgrund der Tatsache, daß verteilte Datenbanken räumlich getrennt,
aber logisch verknüpft sind, kann ein Versagen an einem Ort das
Arbeiten an anderen Orten beeinträchtigen. Es kann allerdings
schwierig werden, unmittelbar zu bestimmen, an welcher Stelle in
der Datenbank der Fehler aufgetreten ist, wenn Fehlermeldungen der
Datenbank von den Endbenutzern reklamiert werden. Wichtig ist, eine
lokale Recovery-Prozedur mit der Möglichkeit zur Benachrichtigung
aller anderen Benutzer zu versehen. Ebenso ist es wichtig, nach
einem lokalen Recovery eine globale Verifizierung und Bestätigung
vorzunehmen.

Entscheidungen über Zugriffskontrollen

Die Hauptüberlegungen in diesem Zusammenhang sind bezüglich der
Autorisierung von Anwendungen, die an einem Knoten gestartet werden
und die Daten an einem anderen Knoten bearbeiten wollen, anzustel-
len. In einer verteilten Umgebung, in der von einem Knoten auf
Daten eines anderen Knotens zugegriffen wird, muß das Sicherheits-
profil sorgfältig festgelegt und von der Daten-/Datenbankverwaltung
regelmäßig überprüft werden, damit Datenübertragung und Datenabfra-
ge von einem Knoten zum nächsten nicht versehentlich zu unautori-
siertem Datenzugriff führen. Erreichbar ist dies jedoch nur von
einer zentralen Stelle aus, d.h. die Wartung verteilter Sicher-

heitsprofile muß zentral von der Daten-/Datenbankverwaltung koordiniert werden. Eine Änderung der Sicherheitsprofile darf keinesfalls Verarbeitungsschritte nachteilig beeinflussen oder versehentliche Zugriffsberechtigung auf Daten an einem anderen Knoten zulassen. Die Zugriffskontrolle in einer verteilten Datenbankumgebung ist nicht nur Gegenstand der Datenbanktechnologie; die Kommunikationstechnologie kann und sollte ebenfalls zur Implementierung von Sicherheitseinrichtungen herangezogen werden.

ORGANISATORISCHE ÜBERLEGUNGEN

Unternehmen mit einer verteilten organisatorischen Umgebung müssen über effiziente Möglichkeiten zur Unterstützung des dezentralisierten Managements nachdenken. Gleichzeitig haben viele Unternehmen begonnen, die Datenbanktechnologie für ihre Anwendungssysteme zu benutzen – eine der stärksten Zentralisierungskräfte in der Datenverarbeitung. Der Konflikt zwischen der Zentralisierungstendenz aufgrund der Einführung von Datenbanken und der Dezentralisierung als Ergebnis organisatorischer Bemühungen muß von der Unternehmensleitung in Zusammenarbeit mit den entsprechenden DV-Funktionsbereichen (insbesondere der Daten-/Datenbankverwaltung) gelöst werden.

Eine mögliche Strategie

Mit der Entwicklung der Daten-/Datenbankverwaltung wurden Funktionsbereiche in einer verteilten Umgebung auf dezentraler und auf globaler Ebene aufgeteilt. Globale (netzwerkweite) Funktionsbereiche erstrecken sich über den gesamten Unternehmensbereich. Dezentrale Funktionsbereiche fallen in den Bereich des dezentralen Managements. Eine Möglichkeit zur Regelung dieser Situation ist, Verantwortung entsprechend der Struktur der dezentralen Datenverarbeitung aufzuteilen (vgl. Abbildung 8.5 und 8.6). Das heißt, die dezentralen Daten-/Datenbankverwaltungsbereiche, die an die von der zentralen Daten-/Datenbankverwaltung vorgegebenen Richtlinien und Prozeduren gebunden sind, werden sich um dezentrale Entwicklung und dezentralen DV-Betrieb kümmern. Die dezentralen Teile der Datenbank werden in jedem Fall auch dezentral kontrolliert.

Die übergeordnete Daten-/Datenbankverwaltung übernimmt die Wartung des Netzwerks und überwacht Datenkommunikation und Datenzugriff zwischen den Knoten. Zu ihren Hauptverantwortungsbereichen gehört die Planung und Koordinierung der globalen Restart- und Recovery-Einrichtungen. Die eigentlichen Recovery-Maßnahmen werden jedoch jeweils an dem betroffenen Knoten durchgeführt und weiter bearbeitet. Darüber hinaus hat die Unternehmensgruppe die Verantwortung für die Aktualisierung der Dokumentation, so daß beispielsweise alle Knoten immer über die gleichen aktuellen Informationen verfügen. Dieses Team muß auch Konflikte zwischen den Knoten lösen,

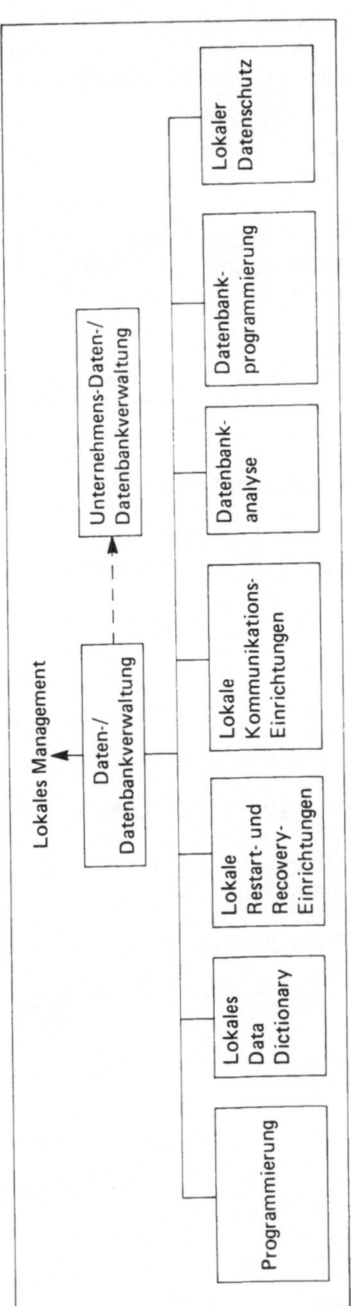

Abbildung 8.5: Lokale Daten-/Datenbankverwaltungsorganisation

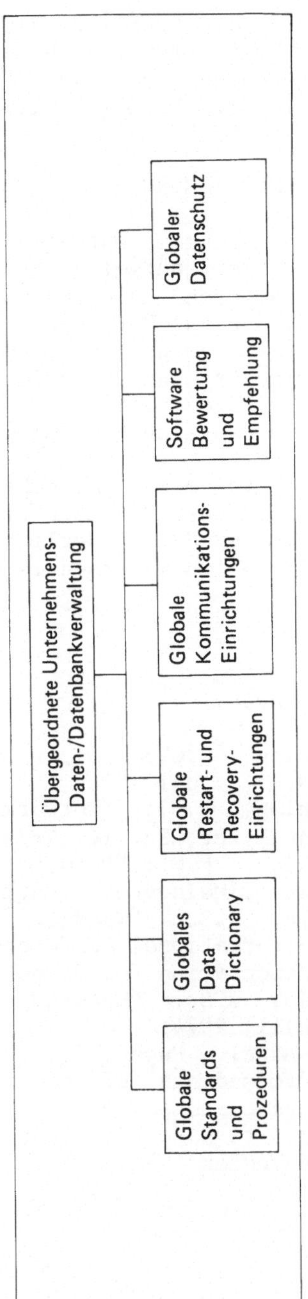

Abbildung 8.6: Übergeordnete Daten-/Datenbankverwaltungsorganisation

sofern die Konflikte die Datenbankbenutzung oder die Datenveränderung betreffen. Auch die Softwareauswahl wird von diesem Team vorgenommen, wenn die "globale" Kompatibilität der Datenbank gewährleistet bleiben soll.

ZUSAMMENFASSUNG

Eine verteilte Datenbankumgebung muß sich entfalten können; sie kann nicht aufgezwungen werden. Bevor der Übergang von einer zentralisierten zu einer verteilten Organisation der Daten erfolgen kann, muß das Vorgehen sorgfältig geplant werden. Vor der eigentlichen Implementierung müssen Prozeduren, Standards und Kontrollen entwickelt und von allen Beteiligten akzeptiert und getestet werden. Dezentrale und unternehmenszentrale Führungsverantwortung müssen deutlich herausgearbeitet werden.

Weiterhin müssen alle Mitarbeiter im Daten-/Datenbankverwaltungsteam die neue Umgebung gründlich erfassen. Ausgiebige Schulungsmaßnahmen sind erforderlich, um ein umfassendes technisches und konzeptionelles Verständnis der neuen Technologie sicherzustellen.

Literatur:

Canning, R.G.: "Distributed Data Systems", EDP Analyzer, Bd. 14, Nr. 7, Juni 1976.
Canning, R.G.: "Network Structures for Distributed Systems", EDP Analyzer, Bd. 14, Nr. 7, Juli 1976.
Cashing, P.G.: "Data Base Interworking", Network Systems and Software, Maidenhead, England: Infotech International Ltd., 1975.
Comba, P.G.: "Needed: Distribution Control", Proceedings of the International Conference on Very Large Data Bases, New York NY: Association for Computing Machinery, 1975.
Davis, G.B.: "Management Information Systems", New York: McGraw-Hill, 1974.
Lowenthal, Eugene I.: "The Distributed Data Management Function", Proceedings of the National Computer Conference, Montvale NJ: AFIPS Press, 1974.
"The Data Base Administrator", GUIDE Information Management Group, November 1972.

9 Verteilte Datenbanken auf verschiedenen Computersystemen

EINLEITUNG

Von einer verteilten Datenbank wird gesprochen, wenn zueinander in Beziehung stehende Datenelemente von zwei Computersystemen gespeichert und verarbeitet werden. Auf die Datenelemente einer verteilten Datenbank angewendet, ist die Bezeichnung "zueinander in Beziehung stehend" weit gefaßt zu verstehen; die Beziehung kann entweder sehr eng sein und einen hohen Koordinationsaufwand zwischen den beiden Computern erfordern oder sehr locker sein und nur minimale Koordination bedingen. Jedenfalls liegt in dieser Beziehung der Unterschied zwischen verteilten Datenbanken einerseits und mehreren unabhängigen Datenbanken andererseits.

Verteilte Datenbanken können partitioniert oder dupliziert werden. Von einer partitionierten Datenbank spricht man, wenn jeder Teil oder jedes Segment nur einmal gespeichert wird. Alternativ können die Segmente mehrfach gespeichert sein und so eine duplizierte Datenbank bilden. Kombinationen von duplizierten und partitionierten Datenbanken sind ebenfalls möglich (1).

Verschiedene Computersysteme

Wird in der heutigen Zeit die Ausweitung eines zentralisierten Datenbanksystems unumgänglich, werden von den Unternehmen verstärkt Personal-Computer angeschafft und an die Stelle bisheriger. Transaktionen plaziert, d.h. ein Teil der Verarbeitung sowie Teile der Datenbanken werden auf einen anderen Rechner übertragen. Oft lassen sich sowohl unter kaufmännischen als auch unter technischen Gesichtspunkten gute Gründe dafür anführen, die Personal-Computer nicht bei dem Hersteller des bereits vorhandenen Großrechners zu kaufen; in einem solchen Fall muß man davon ausgehen, daß ein erheblicher Unterschied zwischen dem Großrechner und den Mikros vorliegt. Aber auch wenn beide Rechner vom gleichen Hersteller stammen, sind sie nicht immer kompatibel. Daher kann ein hierarchisch verteiltes System (vgl. Abbildung 9.1) eine Reihe von Unterschieden zwischen Großrechner und untergeordnetem Rechner aufweisen (2).

Eine verteilte Datenbank kann verschiedene Computertypen umfassen, wenn vorher voneinander unabhängige Rechner miteinander verbunden werden, um ein sogenanntes Verbundsystem zu bilden. Diese Computer können in unterschiedlichen Sparten oder Abteilungen oder gar in unterschiedlichen Konzernbereichen eingesetzt worden sein, die z.B. durch Fusion oder Eingliederung zusammengefaßt werden. Da die Rechner von möglicherweise verschiedenen Unternehmensgruppen für vielleicht völlig verschiedene Zwecke ausgewählt worden sind, sind Unterschiede in der Architektur der Rechner wahrscheinlich. Im Ergebnis erhält man so ein horizontal verteiltes System (vgl. Abbildung 9.2).

Bei einem horizontalen System ist auch der Einsatz mehrerer unterschiedlicher Computerarten denkbar, die jeweils für bestimmte Zwecke benötigt werden. Zum Beispiel können sich in einem technisch orientierten Bereich ein spezieller wissenschaftlicher Rechner und ein Rechner für besondere Time–Sharing–Anforderungen gut ergänzen. Möglicherweise benötigen beide Rechner einen Zugriff auf gemeinsame Daten; in diesem Fall würde eine verteilte Datenbank eingerichtet, um den gemeinsamen Datenzugriff zu ermöglichen.

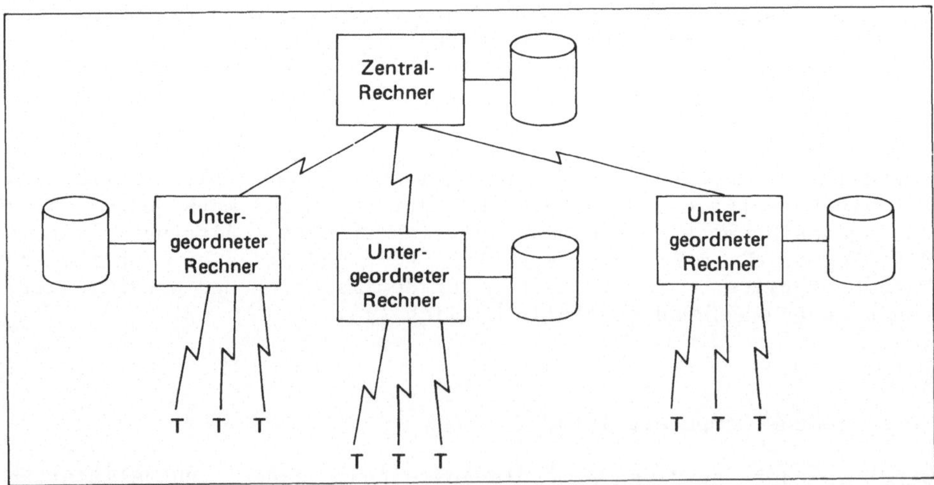

Abbildung 9.1: Hierarchisch verteiltes Datenbanksystem

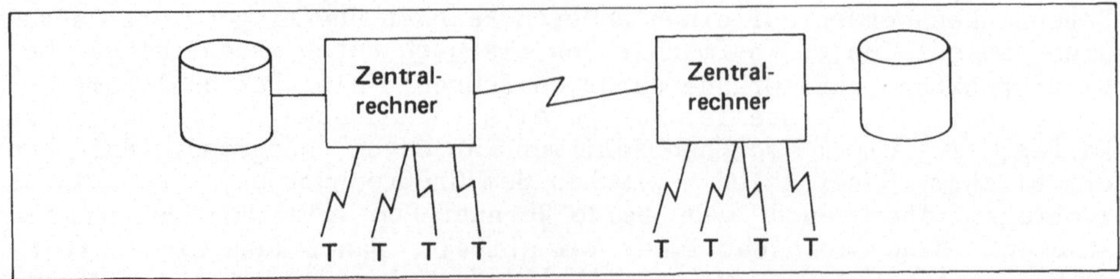

Abbildung 9.2: Horizontal verteiltes Datenbanksystem

Eine technische Herausforderung besteht in der Realisierung von Zugriffsmöglichkeiten auf dezentral gespeicherte Daten. Wie kann beispielsweise ein Benutzer, dessen Terminal an einen der beiden Rechner angeschlossen ist, Daten, die unter der Regie des anderen Computers gespeichert sind, erhalten? Entsprechendes gilt für Programme, die auf einem der Rechner laufen, aber Daten vom anderen Rechner benötigen. Das Problem kann entweder durch einen Programm- (das Programm wird zu den Daten gebracht) oder einen Datentransfer (die Daten werden zu dem Programm gebracht) gelöst werden.

In diesem Kapitel werden die Lokalisierung von Datenelementen, die eben erwähnten Zugriffsstrategien und mögliche weitere Problembereiche (z.B. Unterschiede in den Datenformaten) beschrieben. Zur Vereinfachung der Darstellung basieren die folgenden Abschnitte auf der Annahme, daß nur zwei unterschiedliche Computer benutzt werden (die daraus resultierenden Probleme treten in der Regel unabhängig von der Anzahl der am verteilten System beteiligten Rechner auf).

LOKALISIERUNG VON DATENELEMENTEN

Wenn ein Benutzer am Terminal oder ein Anwendungsprogramm Zugriff auf Datenelemente des verteilten Systems verlangt, muß ein logisches Verfahren vorhanden sein, mit dessen Hilfe festzustellen ist, wo die beteiligten Datenelemente gespeichert sind; die Lokalisierung ist unabhängig davon, ob Programme oder Daten verlagert werden müssen, um den Zugriff zu ermöglichen. Die Lokalisierung von Datenelementen übernehmen entweder die Anwendungsprogramme oder der Terminal-Benutzer. Langfristig sollte dieses Verfahren vollständiger Teil der Systemsoftware werden und auf eine oder mehrere der im folgenden geschilderten Methoden zurückgreifen.

Das Schema

Der CODASYL-Ansatz für Datenbanken (der Ansatz der meisten modernen Datenbanksoftwaresysteme) legt unter anderem fest, daß eine Beschreibung der Datenbankstruktur und -formate zusammen mit der Datenbank (und nicht etwa in den auf die Daten zugreifenden Programmen) gespeichert wird. Diese Beschreibung wird das "Schema" der Datenbank genannt. In einem DBMS wird das Schema benutzt, um zu bestimmen, wie ein Zugriff erreicht werden kann (vgl. Abbildung 9.3).

Eine verteilte Datenbank kann durch ein globales Schema definiert werden, das alle Elemente und Relationen der gesamten Datenbank festlegt. Wird das globale Schema auf jedem Rechner des verteilten Systems gespeichert, kann unabhängig davon, wo die Daten tatsächlich gespeichert sind, auf die Daten zugegriffen werden.

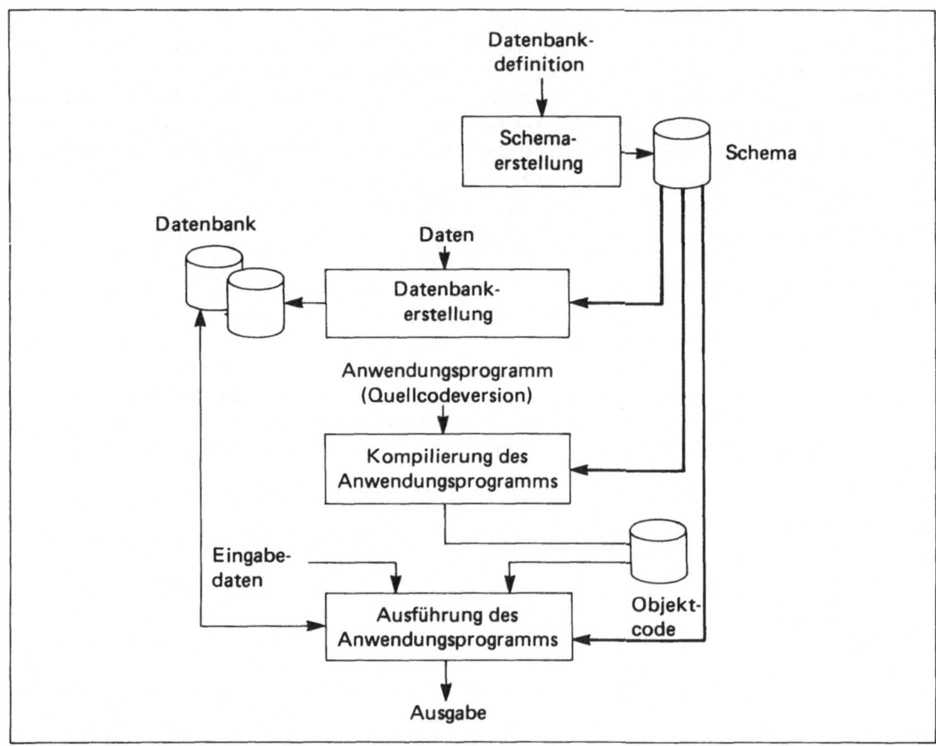

Abbildung 9.3:   Das Schema beim Datenbankzugriff

Befürchtungen, daß ein einziges globales Schema Datenbanksegmente
mit unterschiedlichen Datenstrukturen nicht beschreiben kann, sind
unbegründet. Tatsächlich bestehen Möglichkeiten, daß ein einzelnes
Schema sowohl indizierte als auch netzwerkorientierte und hierar-
chische Strukturen als Teil einer einzigen Datenbank beschreibt.
Die einzige Restriktion in diesem Zusammenhang besteht darin, daß
sich die drei verschiedenen Strukturen in jeweils voneinander getrennten Bereichen der Datenbank befinden müssen. Eine solche Auf-
teilung erlaubt dem Datenbankverwalter, eine logische Datenbank in
Bereiche zu unterteilen, die auf den adäquaten physikalischen Speichergeräten angelegt werden. Konzeptionell besteht eine verteilte
Datenbank also aus einer einzigen logischen Datenbank, deren Segmente partitioniert und/oder dupliziert wurden und auf zwei oder
mehr verbundenen Computern verarbeitet und gespeichert werden.

Der Gebrauch eines globalen Schemas kann dann erwogen werden, wenn
jeder der beteiligten Computer ein auf dem Schema basierendes DBMS
unterstützt. An jedem Ort kann das Schema Lokal- und Dezentral-
bereiche beschreiben. Natürlich müssen Unterschiede im Datenformat
oder in der Datenstruktur bedacht werden, wenn ein globales Schema
erstellt werden soll – aber nur wenn die Unterschiede gravierend
sind, kann der Gebrauch eines globalen Schemas unmöglich werden.

Sind globale Schemata anwendbar, erlaubt dieser Ansatz das Erstellen von Anwendungen, die sowohl auf lokale, als auch auf dezentrale Datenbestände zugreifen.

Kataloge

Datenelemente in einer verteilten Datenbankumgebung können auch unter Heranziehung von Katalogen, die Verweise darauf enthalten, wo ein Datenelement gespeichert ist, lokalisiert werden. Gewöhnlich umfassen Kataloge Informationen auf der Ebene von Datensätzen oder Dateien und nicht auf der Ebene von Datenelementen, wie es beim Schema der Fall ist.

Ein globaler Katalog kann anderenorts gespeicherte Datensätze auflisten und dabei angeben, wo diese physikalisch gespeichert sind. Wird eine Kopie des globalen Katalogs auf jedem Computer gespeichert, kann jederzeit und überall ein Datenelement, auf das global zugegriffen werden darf, lokalisiert werden. Die Hauptschwierigkeit dieses Ansatzes besteht darin, alle Kopien dieses Katalogs auf dem aktuellen Stand zu halten (dasselbe gilt auch für alle globalen Schemata). In der Praxis werden allerdings Änderungen am Katalog (im Gegensatz zum detaillierteren Schema) nur unregelmäßig vorzunehmen sein, wodurch die Schwierigkeiten, alle Versionen des Katalogs zu synchronisieren, reduziert werden.

Data Dictionary

Ein globales Data Dictionary bietet eine weitere Möglichkeit, Datenelemente in einem verteilten System zu verfolgen. Ein Data Dictionary dient in vieler Hinsicht den gleichen Zwecken wie ein Schema bei der Beschreibung der Datenbankstrukturen und -formate. Es liefert Informationen, wo (bezogen auf die Anwendungsprogramme) die Daten benutzt werden. Das Data Dictionary ist und bleibt jedoch schwerpunktmäßig ein Hilfsmittel für die Datenbankverwaltung (für das Management von Datenbankinhalt und -benutzung), während das Schema direkt von der DBMS-Software herangezogen wird, um auf Daten zuzugreifen.

Ein gutes Data Dictionary System kann für die Beschreibung sowohl lokal als auch dezentral gespeicherter Daten herangezogen werden. Eine verteilte Datenbank und ihre Benutzung können durch ein einziges Data Dictionary kontrolliert werden. Anders als beim globalen Schema und beim globalen Katalog automatisiert das Data Dictionary keineswegs den dynamischen Lokalisierungs- und Zugriffsprozeß in einer verteilten Datenbank. Ein einziges Data Dictionary unterstützt aber die Datenbankverwaltung in der allgemeinen Verwaltung der Datenbank.

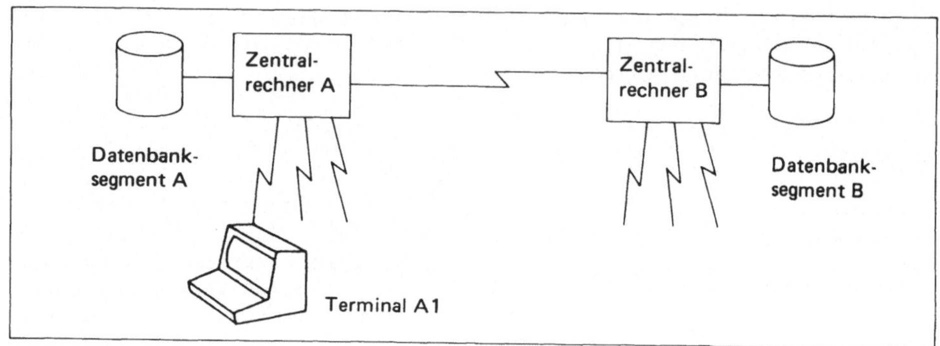

Abbildung 9.4: Zugriff auf dezentral gespeicherte Daten

PROGRAMMTRANSFER

In einem verteilten System ist es möglich, daß ein Anwendungsprogramm oder ein Benutzer, dessen Terminal an einem der Computer
angeschlossen ist, auf Daten zugreifen möchte, die auf einem anderen verbundenen Computer gespeichert werden. Wie aus Abbildung 9.4
hervorgeht, kann einem Benutzer an Terminal Al leicht eine Zu-
griffsmöglichkeit auf Datenbanksegment A gewährt werden. Will der
Benutzer jedoch auf Datenbanksegment B zugreifen, wird die Situation problematischer. Ein Weg, den Zugriff zu realisieren, besteht
im Programmtransfer. ("Transfer" bedeutet in diesem Zusammenhang
die Übertragung eines Programms zwischen zwei Computern.) Hierbei
wird das Datenbankzugriffsprogramm auf den Computer transferiert,
auf dem die gewünschten Daten gespeichert sind. Der zu erstellende
Output wird dann ganz oder teilweise an den Rechner zurückgesendet,
von dem der ursprüngliche Zugriff ausgelöst worden ist.

Objekt- oder Quellcode

Der Programmtransfer kann auf dem Wege des Quellcodetransfers oder
des Objektcodetransfers erfolgen. Wird das Programm in Objektform
überstellt, kann es sofort ausgeführt werden, sobald es vollständig
empfangen worden ist. Wird Quellcode benutzt, muß zunächst ein
Übersetzungslauf für das fragliche Programm zwischengeschaltet werden.

Die Unterschiede zwischen den einzelnen Computern beeinflussen den
Programmtransfer. Der Transfer von Programmen in Objektcodeform
kann sich zwischen Computern mit unterschiedlicher Hardwarearchi-
tektur als außerordentlich problematisch oder sogar als sinnlos
erweisen (das Problem der Portabilität). Ist auf dem Rechner A ein
Cross-Compiler für Rechner B vorhanden, kann dieser eine Übersetzung für den Rechner B vornehmen und so eine Programmübergabe
zwischen beiden Rechnern in Objektcodeform ermöglichen.

Selbstverständlich ist Objektcodekompatibilität nur ein zu berücksichtigender Punkt. Bei vielen Rechnern sind weitere Schritte (z.B. das Linken von Library-Routinen) für einen korrekten Ladevorgang erforderlich, bevor das Programm wirklich ausgeführt werden kann.

Der Transfer von Programmen in Quellcodeform mindert die Kompatibilitätsprobleme, da Programme im Quellcode in der Regel mit höherer Wahrscheinlichkeit kompatibel sind als Objektcodeprogramme. Eine vollständige Kompatibilität sollte aber nie vorausgesetzt werden, was bei der Planung zu berücksichtigen ist.

Zur Überprüfung der Kompatibilität ist es beispielsweise erforderlich, sicherzustellen, daß Anweisungen mit gleichem Namen auch inhaltlich auf den verschiedenen Rechnertypen identisch sind. So bedeutet die Tatsache, daß für die meisten Computer die Programmiersprache COBOL verfügbar ist, keineswegs, daß Kompatibilität und Portabilität von COBOL-Programmen ohne weitere Maßnahmen vorausgesetzt werden können.

Der Industriestandard von COBOL wird zwar periodisch aktualisiert, wobei aber nicht gewährleistet ist, daß jedes Computermodell die neueste Version unterstützt. Die Definition der Programmiersprache COBOL umfaßt neben einem spezifischen Sprachkern eine Reihe weiterer Moduln (z.B. zur Tabellenverarbeitung oder die SORT/MERGE-Funktionen), die zum Teil nicht standardisiert sind. Um den Kompatibilitätsgrad zwischen zwei COBOL-Compilern bestimmen zu können, muß ermittelt werden:

o Welche Versionen der Programmiersprache unterstützt werden;
o Welche Moduln implementiert sind;
o Welche nichtstandardisierten Erweiterungen eingebaut sind.

Wenn die Ermittlung dieser Punkte auch komplex erscheint, so besitzt COBOL doch gut definierte formale Standards, die als Grundlage für einen Vergleich dienen können. Für viele andere Programmiersprachen und Datenbanksysteme gibt es solche Richtlinien nicht, wodurch die Bestimmung der Programmkompatibilität erschwert wird.

Dynamischer oder statischer Programmtransfer

Der Programmtransfer - ob als Objekt- oder als Quellcode - kann dynamisch oder statisch erfolgen. Bei einem dynamischen Transfer wird das Programm dann transferiert, wenn der Zugriff auf Daten eines anderen angeschlossenen Rechners erfolgen soll. Bei einer statischen Übertragung wird die Notwendigkeit des Transfers während des Systementwurfs erkannt und eine Kopie des Programms wird angelegt, bevor der eigentliche Bedarf eintritt. Obwohl der letztere Vorgang nicht unbedingt als ein echter Programmtransfer angesehen werden muß, ist das Ergebnis gleich.

Dynamischer Programmtransfer

Der dynamische Programmtransfer bedeutet das Übersenden eines Jobs
an den anderen Computer zur Ausführung. Wird das Programm in Objektcodeform transferiert, besteht der Job aus dem Objektcode, der
JCL (Job Control Language) und den erforderlichen Eingabedaten.
Wird das Programm in Quellcodeform überstellt, besteht der Job aus
dem Quellcodeprogramm mit der zugehörigen JCL, den Befehlen zum
Kompilieren und der nachfolgenden Ausführung sowie den Eingabedaten.

Offensichtlich kann bei keiner der geschilderten Vorgehensweisen
eine besonders kurze Antwortzeit erwartet werden. Der dynamische
Programmtransfer eignet sich in der Regel nur für bestimmte Situationen, z.B. wenn große Mengen dezentral gespeicherter Daten erforderlich sind, um eine seltener verlangte Auswertung zu vervollstän-
digen und die Zugriffszeit nicht wichtig ist.

Statischer Programmtransfer

Diese Transferart erlaubt einen gewissen zeitlichen Spielraum, da
das Programm bereits vor dem Einsatz transferiert und an dem neuen
Ort fest installiert wurde. Wird ein Zugriff veranlaßt, braucht nur
eine Programminitialisierung zusammen mit den Eingabedaten gesendet
zu werden.

Ist eine hohe Antwortgeschwindigkeit erforderlich, erweist sich
der statische Transfermodus gegenüber dem dynamischen als sinnvol-
ler. Trotzdem müssen in beiden Modi die Unterschiede zwischen den
beteiligten Computern gründlich untersucht werden.

Selbst angesichts der Tatsache, daß durch Programmtransfer auf
dezentral gespeicherte Daten zugegriffen werden kann, ergibt sich
häufig auch die Notwendigkeit eines Datentransfers. Abbildung 9.4
zeigt die Situation, wenn sich ein Benutzer an Terminal Al Zugriff
auf Daten des Segmentes B verschaffen möchte. Wenn der Benutzer
wünscht, daß das Ergebnis zurück an Terminal Al gesendet wird, löst
er einen Datentransfer aus. Weiterhin müssen Eingabedaten an Rechner B gesendet werden, die festlegen, welche Daten aus Segment B
bearbeitet werden sollen. Im Rahmen der Systemgestaltung müssen
daher sowohl Probleme des Daten-, als auch des Programmtransfers
gleichermaßen gelöst werden.

DATENTRANSFER

Ein Datentransfer besteht darin, eine Anweisung zum Zugriff auf
Daten (möglicherweise verbunden mit einer Veränderung der Daten)
an ein auf dem dezentralen Rechner aktives Programm zu senden, das
diesen Zugriff ausführt und gegebenenfalls das gewünschte Resultat

zurückliefert. Das dezentrale Programm kann auch eine speziell für diese Anfrage entwickelte Anwendung sein. Das dezentrale Programm kann aber auch ein DBMS sein, wenn dieses auf eine dezentral ausgelöste Anfrage reagieren kann.

Format- und Strukturunterschiede

Werden Datenelemente zwischen Computern bewegt, müssen die Daten für den Empfänger, z.B. ein Anwendungsprogramm, Sinngehalt besitzen. Übersetzungsvorgänge können erforderlich werden, um inkompatible Datenformate oder Unterschiede in der Datenstruktur zu beseitigen. Der Schwierigkeitsgrad dieser Übersetzungen schwankt zwischen "recht einfach" und "sehr komplex", wobei Formatunterschiede generell einfacher auszugleichen sind als Strukturunterschiede.

Dynamischer oder statischer Datentransfer

Der Datentransfer kann – ähnlich wie der Programmtransfer – dynamisch oder statisch erfolgen.

Dynamischer Datentransfer

Diese Transferart ist sinnvoll, wenn kleinere Mengen dezentral gespeicherter Daten transferiert werden sollen. Zumeist verlangen Transaktionen oder Time-Sharing-Benutzer/-Programme Zugriffe dieser Art.

Statischer Datentransfer

Diese Transferart kann bei Zugriffen auf größere Datenmengen eingesetzt werden. Sofern der Datenbereich, auf den zugegriffen werden soll, genau abgrenzbar ist, braucht nur dieser Datenbereich an den Ort, an dem er benötigt wird, transferiert werden. Anschließend kann auf die Daten zugegriffen werden und die Daten können an den Ursprungsort zurück transferiert werden.

Abbildung 9.5 zeigt ein Beispiel für den statischen Datentransfer. Wenn die Lohnlisten für Büro A gedruckt werden müssen, werden die Lohndaten für dieses Büro vom Zentralrechner zum Terminal in Büro A übertragen. Da in diesem Beispielfall keine Datenänderungen erfolgen, ist ein Rücktransfer zum Zentralrechner nicht erforderlich.

Der Schlüssel für einen erfolgreichen statischen Datentransfer besteht darin, konkurrierende Änderungen der Ausgangsversion der Daten zu vermeiden. Die Veränderung zweier oder mehrerer Versionen derselben Daten erzeugt eine problematische Situation, in der

Daten in Übereinstimmung zu bringen sind; für dieses Problem gibt
es keine allgemeingültigen Lösungen. Lösungsvorschläge können nur
unter Einbeziehung der speziellen Anwendung formuliert werden.

Unabhängige Veränderungen sind dann miteinander vereinbar, wenn
jeweils unterschiedliche Felder oder unterschiedliche Datensätze
verändert werden sollen. Beispielsweise kann eine dezentrale Kopie
einer Inventurdatenbank auf den neuesten Stand bezüglich der Bestandsdaten gebracht werden, während gleichzeitig die Ursprungsver-
sion   auf den neuesten Stand bezüglich der Preisveränderungen gebracht wird. Ein Zusammenspielen beider Versionen ist ohne weiteres
möglich.

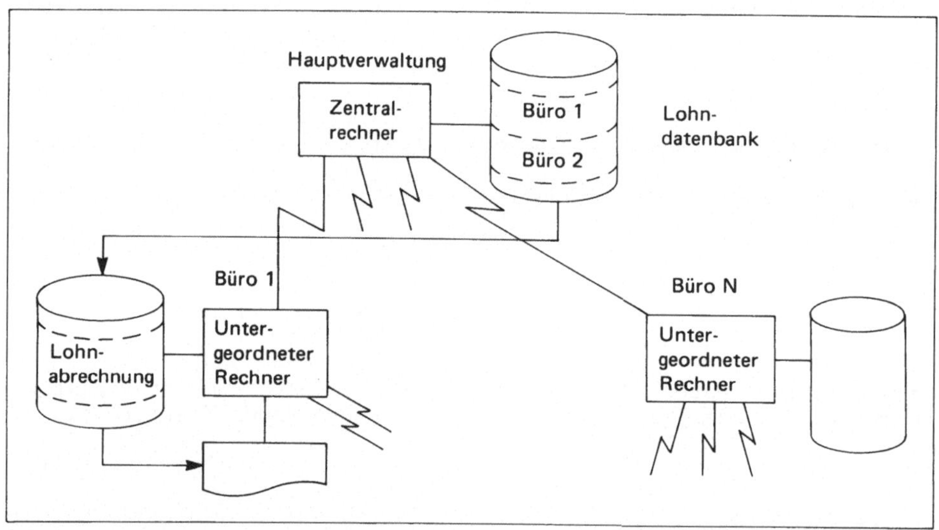

Abbildung 9.5: Statischer Datentransfer

UNTERSCHIEDE IM DATENFORMAT

Ein Datentransfer zwischen unterschiedlichen Computertypen bedingt
fast immer eine Konvertierung von Daten aufgrund der rechnerspezi-
fischen Unterschiede von Hardware und Software. Weiterhin kann ein
Programmtransfer gleichzeitig einen Datentransfer verursachen,
wodurch weitere Umwandlungsvorgänge erforderlich werden können. Die
Umwandlungsprogramme müssen sowohl Datenformat- als auch Datenbank-
strukturunterschiede berücksichtigen, wobei insbesondere die Datenformate erhebliche Unterschiede aufweisen können.

Zeichensätze

Die bei der Speicherung der Daten benutzten Zeichensätze können
unterschiedlich sein. Die am weitesten verbreiteten Zeichensatzkon-

ventionen sind ASCII und EBCDIC. Einige Computersysteme benutzen auch andere Zeichensätze, aber selbst bei zwei Computern, die z.B. den ASCII-Code benutzen, kann von einem der Rechner eine Obermenge des auf dem anderen Rechner benutzten Zeichensatzes verwendet werden.

Die Umwandlung eines Codes in einen anderen ist grundsätzlich ein einfacher Vorgang, doch müssen Vorkehrungen für die Zeichen getroffen werden, denen keine direkte Entsprechung in dem jeweils anderen Satz gegenübersteht.

Wort-, Feld- und Satzlänge

Der Datentransfer kann ebenfalls durch Unterschiede in den Wort-, Feld- und Satzlängen bei zwei Computern beeinflußt werden, insbesondere dann, wenn auf dem einen Rechner Maximallängen größer sind als auf dem anderen. Wort- und Feldgrößenunterschiede stellen meist dann ein Problem dar, wenn binäre Daten gespeichert werden.

STRUKTURUNTERSCHIEDE

Unterschiede in den Datenformaten sind vergleichsweise einfach zu handhaben. Die Einrichtung einer Datenbank auf verschiedenen Computern kann jedoch auch strukturelle Unterschiede beinhalten. Diese Unterschiede sind meist schwieriger auszugleichen.

Strukturen und Zugriffsmethoden

Strukturelle Unterschiede umfassen die Beziehungen zwischen den einzelnen Datensätzen einer Datenbank. So wird etwa bei einer index-sequentiellen Struktur auf Datensätze mittels eines oder mehrerer Indizes zugegriffen. Zugriffsmethoden für diese Struktur verlangen die Abfrage eines Datensatzes über Schlüsselfelder. Das DBMS benutzt diese Indizes, um benötigte Datensätze zur Verfügung zu stellen, die dann an das anfragende Programm überstellt und durch dieses Programm gegebenenfalls an den Terminal-Benutzer weitergegeben werden.

Andere Implementierungen indizierter Strukturen benutzen möglicherweise eine unterschiedliche Anzahl von Indizes und/oder legen die Datensätze auf dem Speichermedium nach einem abweichenden Speicherungsverfahren ab. Abfragen können in einem solchen Fall mit Problemen verbunden sein.

Andere strukturelle Unterschiede werfen ebenfalls Probleme auf.
Beispielsweise setzt das CODASYL-Datenspeicherungsmodell voraus,
daß der Benutzer oder Programmierer ähnlich wie ein "Navigator"
vorgeht, der sich in der Datenbank bewegt, um "Objekte besonderen
Interesses" zu suchen (3,6).

Abbildung 9.6 zeigt eine Netzwerkdatenstruktur, die auf das CODA-
SYL-Modell paßt. In dieser Struktur werden logisch zusammengehören-
de Strukturen in Gruppen zusammengefaßt. Für jeden Satz stellt eine
Satzart den "Owner" der Gruppe dar, während eine oder mehrere
Satzarten "Member" der Gruppe sind. In einer Datenbank für Kunden-
bestellungen ist z.B. jeder Kundenstammdatensatz der Owner einer
Gruppe, während beispielsweise Daten zu Einzelbestellungen Member
der Gruppe sind. Um Daten aus dieser Netzwerkdatenstruktur zu
erhalten, muß der Programmierer etwa Befehle wie

    FIND NEXT RECORD_NAME WITHIN SET_NAME   oder
    FIND PRIOR RECORD_NAME WITHIN SET_NAME

verwenden. Diese Zugriffe beziehen sich auf das benutzte Datenmodell - in diesem Fall mit dem Netzwerk, bestehend aus Owner-/Mem-
ber-Datensätzen. Damit wird es aber schwierig, dieselben Zugriffs-
anfragen auf eine andere Struktur anzuwenden; der Versuch, den
Befehl

    FIND NEXT RECORD_NAME WITHIN SET_NAME

auf eine index-sequentielle Struktur anzusetzen ist sinnlos, weil
die index-sequentielle Struktur das Owner-/Member-Konzept nicht
erkennt.

Strukturunabhängige Zugriffsmethoden

Wie man sich vorstellen kann, eignen sich strukturunabhängige Zugriffsmethoden am besten zum Zugriff auf Daten, die unter verschiedenen Strukturen abgespeichert sind. Andererseits können diese Methoden zu einer Belastung der Computerressourcen führen. Die bei
relationalen Datenbanken angetroffenen Ansätze erweisen sich häufig
als strukturunabhängig (4). LINUS (Logical Inquiry and Update
System), ein Softwareprodukt für Honeywells Multics Relational Data
Store, erlaubt dem Anwender beispielsweise Anfragen etwa wie folgt
zu formulieren:

    SELECT NUMMER FROM TELEFON_BUCH WHERE NAME = "SCHAUMANN"
           AND VORNAME = "HEIKE"

Der Anwender benötigt keine Kenntnisse über die Struktur der Datenbank, sondern nur darüber, welche Datenelemente in der Datenbank
gespeichert sind. Er braucht darüber hinaus nicht zu wissen, wie
diese Datenelemente gespeichert sind und welche Beziehungen zwischen den Datenelementen bestehen.

Grundsätzlich ist es möglich, einen strukturunabhängigen Zugriff für viele unterschiedliche Strukturen auszulegen. Effizienz und Antwortzeitverhalten hängen von der Komplexität der spezifischen Implementierung ab. Daher kann sich das Leistungsverhalten zwischen den Polen "hervorragend" und "nicht akzeptabel" bewegen.

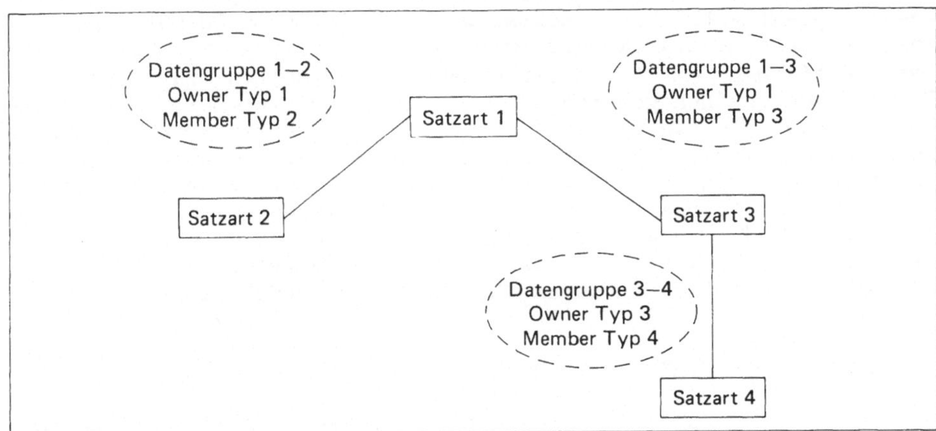

Abbildung 9.6: CODASYL-Datenbankstruktur

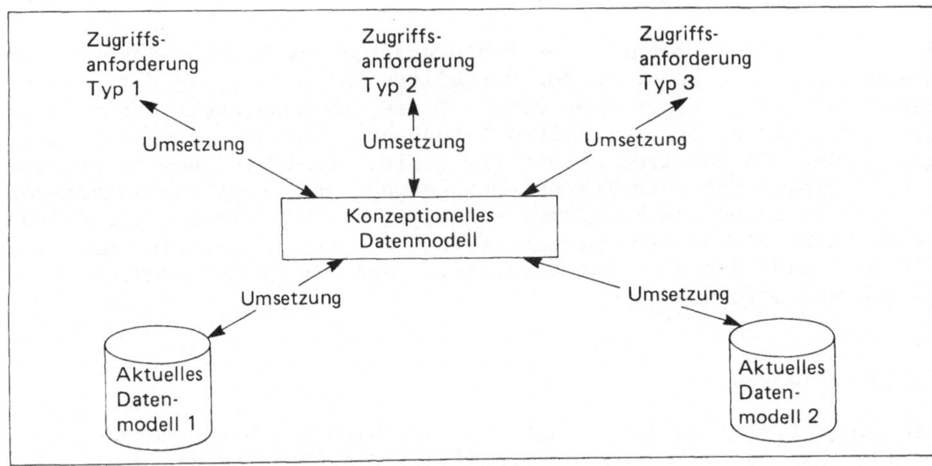

Abbildung 9.7: Umsetzung von Datenmodellen und Zugriffsanforderungen

Umsetzung strukturabhängiger Zugriffsmethoden

Ein strukturabhängiger Zugriff kann auf eine Datenstruktur angepaßt werden, die von der ins Auge gefaßten Struktur abweicht. Diese Anpassung erfolgt in verschiedenen Stufen (vgl. Abbildung 9.7).

Nach Auswahl eines geeigneten konzeptionellen Modells (möglicherweise eine relationale Struktur) müßte es möglich sein, aus diesem
konzeptionellen Modell ein aktuell benötigtes Datenmodell zu entwickeln. Es müßte darüber hinaus möglich sein, auch die gewünschten
Zugriffsarten für das konzeptionelle Modell und damit für die reale
Datenstruktur einzusetzen. Obgleich es einfach ist, ein Diagramm
für diesen Ansatz zu zeichnen, bleibt noch zu überprüfen, ob dieser
Ansatz praktikabel ist. Selbst wenn die logische Durchführbarkeit
gesichert erscheint, könnte es sich als schwierig erweisen, eine
Implementierung mit akzeptablem Betriebsverhalten zu erreichen.
Realistisch gesehen gehören solche Erwartungen zur Zeit mehr in den
Bereich der Theorie als in den Bereich der Praxis. Der günstigste
Ansatz, Zugriffe für unterschiedliche Strukturen auszulegen, be-
steht heute darin, eine strukturunabhängige Zugriffsmethode ähnlich
wie LINUS oder QBE ("Query by Example") einzusetzen (5). Diese
Zugriffsmethoden sind zwar vergleichsweise einfach an verschiedene
Strukturen anzupassen, die Herausforderung dabei liegt aber darin,
ein noch akzeptables Antwortzeitverhalten zu gewährleisten.

TRANSPARENZ VERTEILTER DATENBANKEN

Wie bereits angemerkt, werden in den meisten Fällen Daten- und
Formatkonvertierungen erforderlich, wenn eine verteilte Datenbank
auf verschiedenen Computern eingerichtet werden soll, unabhängig
davon, ob ein Programm- oder Datentransfer für den Zugriff auf
dezentrale Daten geplant ist.

Es ist auch von wesentlicher Bedeutung für die Unabhängigkeit der
Anwendungen und Benutzer der verteilten Datenbank, wo die notwen-
dige Umwandlung vorgenommen wird. Diese Unabhängigkeit beeinflußt
die Transparenz der verteilten Datenbank. Muß ein Anwendungsprogramm oder ein Benutzer selbst ermitteln, wo Datenelemente gespeichert sind, ist die Transparenz schwach und jeder Datentransfer
hindert Benutzer und Programme an der Erledigung wichtigerer Aufgaben. Lokalisiert das System selbst die Daten mittels globaler
Schemata und/oder globaler Kataloge, kann die Transparenz als gut
bezeichnet werden.

ZUSAMMENFASSUNG

Die Zugriffsmöglichkeiten auf die verschiedenen Segmente der verteilten Datenbank erfordern sorgfältige Planung, so daß die unver-
meidlichen Unterschiede die Benutzung der Datenbank nicht unzumut-
bar machen. Die Wahl zwischen Programm- und Datentransfer sollte
danach getroffen werden, wie das Transfervolumen (und damit die
Kosten) minimiert werden kann. Die verschiedenen Alternativen müssen im Kontext der spezifischen Anwendung analysiert werden, wobei
derjenigen mit dem geringsten Transfervolumen der Vorzug zu geben
ist.

Wird Programmtransfer gewählt, sind die Programmunterschiede zu beachten. Entscheidet man sich für die Datenübergabe, sind Datenformat- und/oder Strukturunterschiede miteinander zu vereinbaren. Zumeist müssen beide Arten von Unterschieden behandelt werden, unabhängig vom gewählten Transferverfahren.

Übersetzungsmethoden sind geeignet, Datenunterschiede zu beseitigen. Unterschiede in den Datenbankstrukturen sind nicht so einfach beizulegen. Einige elegante theoretische Lösungen sind zwar denkbar; in der Praxis ist ein dezentraler Zugriff auf Daten bei grundverschiedenen Datenbankstrukturen jedoch schwierig zu realisieren.

Da einfache Bedienung und Flexibilität im Hinblick auf vorzunehmende Änderungen entscheidende Aspekte für jedes verteilte System darstellen, sollte die Transparenz eines der Hauptziele jeder verteilten Datenbankumgebung sein.

Literatur:

1. Booth, G.M.: "Distributed Data Bases in Distributed Processing", Infotech State of the Art Report, Bd. 2, Maidenhead UK: Infotech International Ltd., 1977.
2. Booth, G.M.: "Distributed Information Systems", Proceedings of the 1976 National Computer Conference, Montvale NJ.
3. Bachman, C.W.: "The Programmer as Navigator", Turing Lecture in CACM, Bd. 16, Nr. 11, November 1973, S. 653-658.
4. Codd, E.F.: "A Relational Model of Data for Large Shared Data Banks", CACM, Bd. 13, Nr. 6, Juni 1970, S. 377-387.
5. Zloof, M.M.: "Query-By-Example - Operations on Hierarchical Data Bases", Proceedings of the 1976 National Computer Conference, Montvale NJ.
6. Schlageter, G. und Stucky, W.: "Datenbanksysteme: Konzepte und Modelle", Teubner Studienbücher, Stuttgart 1977, S. 109ff.

10 Fallstudie einer IMS/VS-Implementierung

EINLEITUNG

Diese Fallstudie behandelt die IMS/VS-Implementierung in einem
großen, zentralisierten Rechenzentrum. In diesem unternehmenseigenen Rechenzentrum werden alle DV-Anwendungen des Konzerns, der
umgerechnet etwa 100 Milliarden DM Umsatz im Jahr erzielt, abgewickelt. Im Frühjahr 1980 bestand die Ausrüstung aus drei großen
IBM-Großrechnern, über 180 Platteneinheiten für ständigen Direktzu-
griff, etwa 30 Magnetbandgeräten sowie einer Magnetbandbibliothek
mit über 30.000 Bändern. Ein Datenfernverarbeitungsnetzwerk mit
über 250 Leitungen und etwa 1.800 Terminals der verschiedensten Art
wurde zu diesem Zeitpunkt unterstützt. Das Rechenzentrum verarbei-
tete täglich ungefähr 250.000 Transaktionen (auf Dateien und Datenbanken) und erledigte darüber hinaus monatlich etwa 120.000 Batch-
Jobs.

1976, als sich die DV-Abteilung zum Datenbankeinsatz entschloß,
besaß die Rechnerkonfiguration nur ein Viertel der Leistungsfähig-
keit der 1980 vorhandenen Konfiguration. Das Online-Transaktions-
volumen war nur etwa halb so umfangreich; es gab etwa 150 Netzwerk-
leitungen, 800 Terminals und 100 Platteneinheiten. Parallel mit der
Beschaffung des DBMS ergab sich die Notwendigkeit zur Verwendung
der virtuellen Speichertechnik, des Time-Sharings für Anwendungs-
entwicklungen und zur Vernetzung der Computer.

Der Abteilungsleiter Systementwicklung, dem die Aufgabe übertragen
wurde, eine Anwendung zu entwickeln, die eine Datenbank und das
DBMS nutzen sollte, begann gleichzeitig mit den Gestaltungs- und
Entwicklungsarbeiten des Anwendungssystems einerseits und mit der
Prüfung verschiedener DBMS-Produkte andererseits.

Zu dem Zeitpunkt, an dem diese Untersuchungen abgeschlossen waren, war auch das Grobkonzept des Anwendungssystems fertiggestellt und der größte Teil der Datenfelder, die in die Datenbank eingehen sollten, war definiert und dokumentiert. Die letztere Aufgabe wurde einem einzelnen Mitarbeiter übertragen, der zum "Datenbankverwalter (DBV)" ernannt wurde. Der zeitliche Verlauf des Projektes geht aus Abbildung 10.1 hervor.

Zur damaligen Zeit war der Begriff "DBV" nicht präzise abgegrenzt. Er wurde ursprünglich benutzt, um das gesamte Aufgabenspektrum eines Mitarbeiters anzugeben, das sich von technischen Detailaufgaben bis zur Dokumentation eines neuen Anwendungssystems erstreckte. Zu seinem Aufgabenbereich gehörte auch, die Datenelemente der Anwendung sowie deren Charakteristik, Attribute und Beziehungen untereinander zusammenzustellen.

Die Anwendung selbst war aufgeteilt in zwei Softwaresysteme; zusammengefaßt wurden jeweils die Teilbereiche

(1) Auftragserfassung   (2) Debitorenbuchhaltung
    Auftragsverwaltung   Zahlungseingangserfassung
    Rechnungserstellung   Finanzflußsystem
    Versand

Beide Softwaresysteme, obwohl separat betrachtet und von verschiedenen Mitarbeitern der Gruppe Anwendungsentwicklung zu erarbeiten, besaßen gemeinsame Schnittstellen zu mehreren Dateien, d.h. einige Dateien sollten von beiden Softwaresystemen gemeinsam genutzt werden.

Jedes Softwaresystem besaß einen Online- und einen Batch-Teil. Der Online-Bedarf betrug zehn Stunden/Tag (von 8 Uhr morgens bis 18 Uhr abends); der Batch-Teil stand von 18 Uhr abends bis 8 Uhr am anderen Morgen zur Verfügung. Diese Parameter wurden im September 1976 festgelegt, als das Projektteam gebildet wurde.

Mit Auswahl des IMS/VS-Datenbankmanagementsystems im August 1976 (also einen Monat früher) ergab sich die Notwendigkeit, weitere Mitarbeiter in das Projekt miteinzubeziehen. Zum einen wurden dem Projektteam Systemprogrammierer zugeteilt, die für die Installation, Unterstützung, Verbesserung und Fehlerbeseitigung aller datenbankbezogenen Softwareprodukte zuständig waren. Zum anderen wurden Mitarbeiter der technischen Betreuungsgruppe, die ursprünglich die Aufgabe hatte, Fachabteilungen bei der Datenbankgestaltung zu unterstützen und die Ansprüche an die Datenbank mit den technischen Gegebenheiten des Rechenzentrums abzustimmen, dem Projektteam zugeordnet. Die Aufgabe der technischen Gruppe erforderte sowohl technisches wie politisches Geschick. Die Mitglieder dieser Gruppe wurden nun ebenfalls "Datenbankverwalter" genannt.

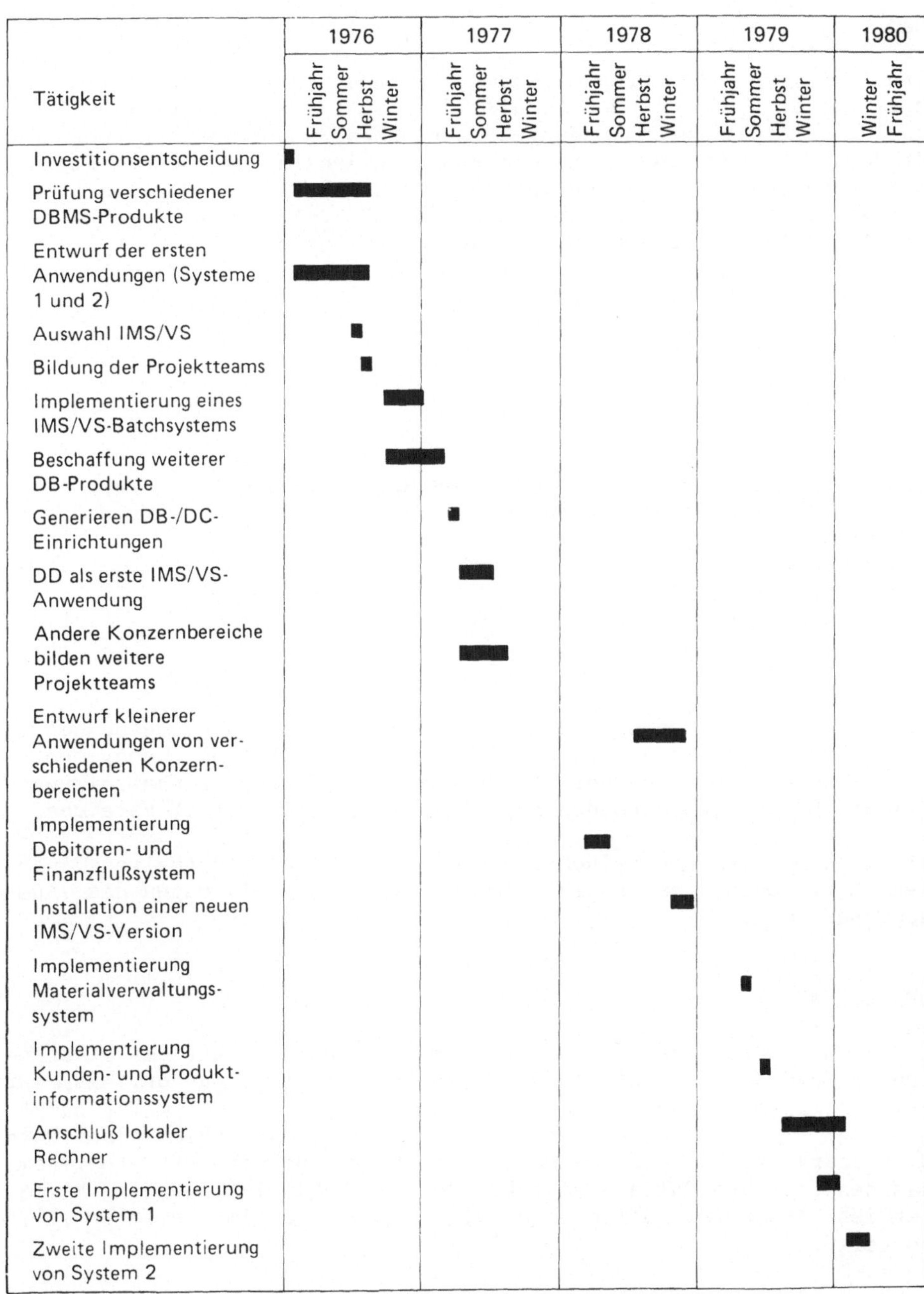

Abbildung 10.1: Der zeitliche Verlauf des Projekts

Das Projektteam

Die Funktion des Prokjektteams bestand darin, regelmäßig die
Mitarbeiter, die mit den Details der Gestaltung, Implementierung
und dem Einsatz der Anwendung befaßt waren, zusammenzubringen. In
diesem Team gab es einen Kern von Mitgliedern, der jeder Sitzung
beiwohnte und verschiedene andere Teilnehmer, deren Gegenwart nur
fallweise erforderlich war. Der "Kern" bestand aus Mitarbeitern
der folgenden Unternehmensbereiche/-abteilungen:

- Geschäftsleitung;
- Hauptabteilung "Rechnungswesen";
- Systemprogrammierung;
- Systementwicklung;
- Anwendungsprogrammierung;
- Revision.

Andere Funktionsbereiche, deren Gegenwart regelmäßig, aber nicht
immer erforderlich war, umfaßten:

- Datenbankverwaltung;
- Rechenzentrumsleitung;
- Betreuung Systemsoftware;
- IBM-Systemberatung.

Zusätzlich   zum Projektteam gab es einen   Koordinierungsausschuß,
bestehend aus Mitarbeitern des mittleren und gehobenen Managements,
insbesondere den von der Anwendung betroffenen Fachabteilungs-
leitern sowie den leitenden Angestellten betroffener DV-Bereiche.

Um die Kommunikation zwischen den Gruppen aufrechtzuerhalten, nahmen Mitglieder des Projektteams an bestimmten Sitzungen des Aus-
schusses teil.

DER BEGINN

Ende 1976 hatten bereits mehrere Treffen des Projektteams stattge-
funden und das Konzept eines IMS/VS-Batchsystems lag vor. Es war
erkannt worden, daß eine Reihe zusätzlicher DB-Softwareprodukte
benötigt wurde. Sehr nachteilig wirkte sich das Fehlen eines Data
Dictionary Systems aus. Weiterhin benötigte man ein Softwaresystem,
das den Test von Online-Transaktionen durch Simulationen im Batch-
Betrieb erlaubte. Beide Produkte wurden noch im Dezember 1976
bestellt.

Der "Batch Terminal Simulator (BTS)" – ein IBM-Produkt – konnte
bald darauf eingesetzt werden, weil er einfach zu installieren war.
Er konnte praktisch umgehend genutzt werden, was leider nicht für
das Data Dictionary System galt. Die Implementierung dieses Soft-
waresystems erwies sich als sehr kompliziert.

Über die Notwendigkeit eines Dictionary Systems bestand bei allen
Betroffenen Einigkeit. Die Aufgabe, Feld-, Satz-, Datei- und Datenbankinformationen aktuell und synchron zu halten und die Informationen in Form zahlreicher Kopien an alle Betroffenen weiterzulei-
ten, hätte von keinem Mitarbeiter, ohne ausreichende technische
Hilfe, zufriedenstellend erfüllt werden können. Der Lösungsvor-
schlag, der eine zentralisierte Datei auf dem Computer mit allen
erforderlichen Informationen vorsah, die auch noch beliebig abge-
fragt werden konnten, wurde von allen Beteiligten unterstützt.

Es wurden diverse Produkte untersucht und schließlich wurde wiederum ein IBM-Produkt (DD/D) ausgewählt. Man beschloß, daß das DD/DS
die erste IMS/VS-Anwendung werden sollte, da es zudem als ein
ideales Testobjekt für die Online- und Datenkommunikationseinrichtungen angesehen wurde.

Im April 1977 wurden die Online- und Datenkommunikationseinrichtungen des IMS/VS generiert und das DD/D wurde zur ersten Online-
Anwendung. Der Entwurf konnte erfolgreich abgeschlossen werden und
innerhalb von vier Wochen war es möglich, Online-Transaktionen
dieser Anwendung zu testen.

Gegen Ende des Jahres 1977 und im Januar 1978 traten mehrere Probleme in den Vordergrund:

o Es wurden dringend bessere Test- und Produktionsmöglichkeiten
  benötigt;
o Andere Konzernbereiche begannen ebenfalls, sich für das DBMS zu
  interessieren und versuchten, sich in das Projekt "einzumischen";
o Der Bedarf an Fachpersonal wurde immer größer;
o Der Bedarf an Ausbildung und Schulung für das Fachpersonal über-
  stieg bei weitem die vorgegebenen Planwerte;
o Zahlreiche Schnittstellen mit verschiedenen anderen Softwarepro-
  dukten erhöhten die Komplexität des Projektes und damit die
  Notwendigkeit von Unterstützungsleistungen.

Test- und Produktionsmöglichkeiten

Während des Tests von Online-Transaktionen wurde klar, daß Test und
Produktion nicht auf demselben Rechner stattfinden konnten. Die
Architektur des IMS/VS sah nur eine Kontrollregion vor, die alle
Ein-/Ausgabe-Operationen erledigte, während die Anwendungstransak-
tionen in separaten Regions ablaufen konnten. Eine Transaktion wird
demnach in einer spezifischen Region ausgeführt und die Ein-/Ausga-

beaktivitäten der Transaktion werden an die Kontrollregion übergeben. In einer Testumgebung muß zu jeder Zeit damit gerechnet werden, daß einige Transaktionen fehlerhaft ablaufen und möglicherweise auch "abstürzen", was für die Kontrollregion mit zusätzlichen
Belastungen verbunden ist.

Produktionstransaktionen, die schnell ablaufen sollen, werden behindert, wenn sie zusammen mit einer abbrechenden Testtransaktion
abgewickelt werden. Es wurde erkannt, daß separate Rechner für Test
und Einsatz erforderlich waren. Damit ergab sich, daß genau das
Doppelte des ursprünglich geplanten Hardwarebedarfs erforderlich
wurde.

Andere Konzernbereiche

Im Frühjahr 1977 begannen auch andere Konzernbereiche die Möglichkeiten des Datenbankmanagements zu untersuchen, insbesondere die
IMS/VS-Version. Zur Unterstützung des DV-Personals in diesen Bereichen wurden weitere Projektteams ähnlich dem ursprünglich gegründe-
ten gebildet. Die bisher gemachten Erfahrungen wurden den "neuen
Teams" bekanntgegeben, die ihrerseits versuchten, eigene Anwendungen zu entwickeln.

Die vorgesehenen Anwendungen dieser Unternehmensbereiche waren bei
weitem nicht so umfangreich wie das Hauptprojekt (eine der Anwendungen sah beispielsweise vor, den Materialkatalog mit Hilfe von
IMS/VS zu verwalten), aber auch sie sollten bei dem Datenbankeinsatz berücksichtigt werden.

Bedarf an Fachpersonal

Inzwischen wurde auch klar, daß mehr Personal für den Bereich
"Datenbanksystemsoftware" benötigt wurde und auch eine umfangreiche IMS/VS-Ausbildung erforderlich war. Es wurden daher zwei Spe-
zialisten auf dem Gebiet der Systemsoftware dem Projektteam zugeordnet. Zwei zusätzliche Datenbankverwalter kamen im Frühjahr 1978
dazu.

Ausbildung/Schulung

Zur damaligen Zeit waren die Online-Einrichtungen des IMS/VS und
die Datenkommunikationseinrichtungen noch relativ junge Produkte.
Folglich war auch niemand im Umgang mit diesen Produkten vertraut.
Es mußten sowohl Systemsoftwarespezialisten, Datenbankverwalter als
auch Anwendungsprogrammierer ausführlich geschult werden.

Steht man als leitender Angestellter im Bereich der Datenverarbeitung vor dem Problem, ein Kurs-/Seminarprogramm zu erarbeiten, so sollte man sich zunächst von einigen Ausbildungsinstituten Informationsmaterial zusenden lassen, um einen Überblick über das Schulungsangebot zu erhalten. Es handelt sich dabei zumeist um mehrtägige Kurse, die gezielt auf Spezialthemen eingehen. Es wird fast immer angegeben, an welchen Personenkreis sich der jeweilige Kurs richtet. Die Adressaten solcher Seminare könnten beispielsweise sein:

o Projektleiter;
o Systemanalytiker;
o DV-Organisatoren;
o Anwendungsprogrammierer;
o Mitarbeiter aus dem Rechenzentrum.

So wären für Anwendungsprogrammierer alle Kurse von Bedeutung, die auf DL/1 oder MFS Bezug nehmen. Für DV-Organisatoren wären Kurse wie "IMS-Organisation" oder "Logische Datenbankorganisation für IMS-Anwender" von Interesse. Projektleiter sollten Kurse auswählen, die einen Überblick über das Leistungsspektrum des IMS/VS geben. Von IBM werden zunehmend auch Selbststudienprogramme angeboten.

Andere Softwareprodukte

IMS/VS und DD/D waren nicht die einzigen komplexen Technologien, die im Zusammenhang mit der hier vorgestellten Implementierung zu behandeln waren. Die virtuellen Speichertechnologien, größere Computer sowie ein umfassenderes (und damit komplizierteres) Betriebssystem nahmen einen großen Teil davon ein, ebenso Computernetzwerke und Telekommunikation.

Das Prinzip der Zugriffsmethoden hatte sich vollständig geändert. Zugriffsmethoden wie BSAM, QSAM, BDAM, ISAM und BTAM, die die für die Datenübertragung zwischen Peripheriegeräten und dem Speicher des Computers notwendigen Moduln enthielten, mußten dem VSAM und VTAM weichen. VSAM, obwohl als Zugriffsmethode angesehen, führt beispielsweise auch Statistiken über den Zugriff auf Datensätze auf Direktzugriffsgeräten. VTAM ist ein vollständiges Telekommunikationsnetzwerk, das eine Host-zu-Host-Übertragung ebenso gestattet wie vielfache Terminalzugriffe auf den Rechner durch das Netzwerk.

Eine weitere Teilfunktion des IMS/VS ist das Masterterminal. Diese Funktion beinhaltet einen IMS/VS-Systemmonitor, einen Controller und eine Fehlerbeseitigungseinheit. Der angeschlossene Drucker zeichnet alle relevanten Nachrichten als Hardcopy auf. Das Masterterminal überwacht und steuert das System und ist an den Restart- und Recovery-Vorgängen beteiligt. Nachdem man sich von der Bedeutung dieser Funktion überzeugt hatte, wurde das Produkt umgehend beschafft.

Die Installation der Anwendungen

Im Frühjahr 1978 war das IMS/VS einigermaßen brauchbar eingerichtet und die ersten Anwendungen, das Debitoren- und Finanzflußsystem, gingen in Produktion. Ursprünglich sollten alle Softwaresysteme gleichzeitig in Betrieb gehen; es waren jedoch noch nicht alle Komponenten fertiggestellt. Spezielle Programme und Prozeduren mußten erstellt werden, weil die ersten Anwendungen mit einer Nicht-IMS-Anwendung zusammengeschaltet werden mußten. Nach anfänglichen Schwierigkeiten lief das Softwaresystem einige Wochen später jedoch einwandfrei.

In der zweiten Jahreshälfte 1978 wurden die in Entwicklung befindlichen kleineren Softwaresysteme vervollständigt und eine neue Version von IMS/VS wurde installiert. Der Termin der Fertigstellung der unter System-1 zusammengefaßten Teilbereiche mußte erneut verschoben werden. Durch diese Verzögerungen kam das IMS/VS und die Datenbankverwaltung in einen schlechten Ruf; die Verzögerungen hatten jedoch nur wenig mit der eigentlichen Datenbanktechnologie zu tun. Das Problem lag in der Größenordnung; das geplante System war sehr umfangreich, sowohl was das Transaktions- als auch was das Dateivolumen betraf. Weiterhin wurde klar, daß die Anwendungen mehr als 24 Stunden zur Bewältigung der Tagesarbeiten benötigen würden, wenn es zu irgendwelchen Verzögerungen kommen sollte. Die Anwendungen hatten einen Online-Bedarf von zehn Stunden/Tag (von 8.00 bis 18.00 Uhr) und einen Batch-Bedarf von täglich 7-8 Stunden. Wurde das Online-System abends gestoppt, bestand ein Bedarf von vier Stunden täglich für die interne Verwaltung, das Anfertigen von Sicherungskopien, die Konsolidierung der Log-Dateien und Aufbereitung von Statistiken, z.B. über das Betriebszeitverhalten. Weil diese Aufgaben insgesamt etwa 22 Stunden in Anspruch nahmen, standen bei Problemen nur zwei Stunden für Recovery und Restart zur Verfügung. Dieser Sachverhalt führte zu einem angespannten Klima im Unternehmen.

Ende 1978 kündigte der wichtigste Fachmann für Datenbanksoftware, um eine bessere Stellung bei einem anderen Unternehmen anzutreten. (Es gab keine weiteren Kündigungen bis zum Frühjahr 1980, als wieder ein Fachmann für Datenbanksoftware das Unternehmen verließ.) Der scheidende Fachmann wurde durch den zweiten Mann der Gruppe ersetzt und zwei weitere Techniker wurden aus anderen Bereichen des

Unternehmens angeworben, wodurch die Datenbankgruppe auf vier Mitarbeiter anwuchs.

Nachdem weitere kleinere Softwaresysteme für Dezember 1978 zum Einsatz vorgesehen waren, ergaben sich Schwierigkeiten bei der Systeminstallation, hervorgerufen durch die große Anzahl an Gruppen, die daran arbeiteten. Neben der technischen Gruppe und der Datenbankgruppe gab es zwei weitere Gruppen, die für die Anwendungsentwicklung zuständig waren. Darüber hinaus hatten die Fachabteilungen ein Team gebildet, um die Benutzeranforderungen zu formulieren. Es gab während der Implementierung Mißverständnisse darüber, wer welche Aufgaben mit welchen Kompetenzen zu erfüllen hatte. Dies führte dazu, daß eine etwa zweimonatige Verzögerung eintrat, bedingt durch eine unzureichende organisatorische Funktionsabgrenzung.

Im Dezember waren die Mißverständnisse überwunden und die Anwendungen konnten eingesetzt werden. Sie verarbeiteten zwischen 10.000 und 15.000 Transaktionen/Tag und besaßen einen Batch-Verarbeitungsteil, der nachts lief.

Im März 1979 gelangte die Materialverwaltung zur Einsatzreife. Es traten nur geringe Probleme mit diesem Softwaresystem auf, die zumeist auf einen Mangel an Benutzererfahrung bezüglich der Datenbank- und Datenkommunikationstechnologie zurückzuführen waren. Als diese Hürden durch gezielte Anwenderschulungen überwunden waren, lief die Anwendung problemlos.

DER WEITERE VERLAUF

Im Frühjahr 1979 befanden sich vier kleine bis mittlere IMS/VS-Anwendungen im Einsatz: das DD/D, das Debitorensystem, das Finanzflußsystem und das Materialverwaltungssystem. Nach einer Reihe von Verschiebungen wurde das Bestellverarbeitungssystem (System-1) forciert und für den Eintritt in die Einsatzphase auf Mai 1979 terminiert. Gleichzeitig war ein weiterer Konzernbereich mit der Vorbereitung neuer Anwendungen befaßt.

1978 hatte dieser Konzernbereich einige Voruntersuchungen bezüglich der Einsatzmöglichkeiten des IMS/VS betrieben und sich für einen Einsatz dieses DBMS ausgesprochen. Der Konzernbereich reorganisierte seine DV-Abteilung und stellte einige neue Mitarbeiter ein. Die Arbeiten begannen und verschiedene kleinere Anwendungen wurden terminlich geplant. Eine größere Anwendung wurde der IBM zur Gestaltung, Entwicklung und Implementierung übergeben.

Bei einigen kleineren Anwendungen - z.B. einem Kunden- und Produktinformationssystem - handelte es sich im Prinzip um ein besseres Abfragesystem. Die Datenbanken waren relativ klein und das Transaktionsvolumen gering. Eine neue Schwierigkeit trat jedoch mit diesem System auf: die Einführung verteilter Intelligenz.

Die Terminals, die die Anwendung nutzen sollten, waren räumlich
auf vier verschiedene Orte verteilt. Diese Terminals waren Teil
einer lokalen Rechnerkonfiguration, die wiederum mit dem Host-
Rechner kommunizieren sollte. Die Unterstützung für diese lokalen
Computer lag in der Verantwortung des betroffenen Konzernbereichs;
dennoch gab es einige Probleme. Spezielle Softwarepakete wurden für
den Host-Rechner des Rechenzentrums erforderlich, um die lokalen
Rechner zu bedienen. Zur damaligen Zeit hatte niemand im Rechenzentrum Erfahrung damit oder war auch nur grundlegend darin geschult. Ein Großteil der Probleme während der Implementierung
resultierte aus Mangel an Erfahrung auf diesem Gebiet. Dem Projektleiter muß zugute gehalten werden, daß trotz dieser Probleme
die Terminplanung für die Installation nur um zwei Monate verzögert
wurde. Diese Anwendung gelangte im Juni 1979 zum Einsatz.

Somit waren im Juni 1979 fünf IMS/VS-Anwendungen eingesetzt. Die
Projektteams trafen sich regelmäßig und die Bildung eines weiteren
Teams begann sich abzuzeichnen, da noch ein weiterer Konzernbereich
Interesse an IMS/VS bekundete. Inzwischen gab es Teams für:

o Das System-1 (Auftragserfassung, -verwaltung, Rechnungsschreibung
  und Versand);
o Das Kunden- und Produktinformationssystem;
o Die Materialverwaltung;
o Das Debitoren- und Finanzflußsystem;
o Die Zahlungseingangserfassung;
o Ein Datenbanksystem für den Marketingbereich.

Von diesen Systemen stellte das Marketing die aufwendigste Entwicklung dar (neben den unter System-1 zusammengefaßten Teilsystemen,
deren Fertigstellung erneut verschoben werden mußte, diesmal auf
den Oktober 1979). Das Marketingsystem war für den Herbst 1980
terminiert.

Im Herbst 1979 gab es eine Zeit hoher Aktivität, weil das bereits
des öfteren verschobene System-1 nun endlich implementiert werden
sollte. Prozeduren wurden für die Umstellung des alten batch-
orientierten Systems auf das Datenbanksystem entwickelt. Nach einer
Woche mit Tag- und Nachtarbeit lief das neue System immer noch
nicht. Der Online-Datenkommunikationsteil des Systems arbeitete
relativ gut, aber mehrere Batch-Programme erwiesen sich als sehr
fehleranfällig und es blieb nicht genug Zeit während des Tages, die
Fehler zu beheben. "Plan B" trat in Kraft und das alte System wurde
reaktiviert. Nachdem die Enttäuschungen sich gelegt hatten, wurde
das neue Plandatum auf den Januar 1980 festgesetzt.

In Situationen wie der beschriebenen ist es nicht verwunderlich,
daß sich ein gewisses Maß an Aggression im ganzen Team aufbaut. Die
Monate November und Dezember verbrachte man damit, die Gruppen
umzustrukturieren und Anlauf für das Zieldatum im Januar zu nehmen.

Die Wellen glätteten sich und gegenseitige Anschuldigungen nahmen
ab. Die Lage hatte sich teilweise so verschärft, daß die Kooperation zwischen einzelnen Gruppen nur noch formalen Charakter hatte
und nur widerwillig stattfand.

Ein zweiter Anlauf im Januar 1980 führte zum Erfolg. Es brauchte
zwar den ganzen Februar und einen großen Teil des Monats März für
eine endgültige "Beruhigung" des Systems, aber schließlich war es
betriebsbereit. Im Juni 1980 arbeitete es in jeder Hinsicht zufriedenstellend.

ERFAHRUNGEN

In den vier Jahren, seitdem Datenbanken und Datenbankmanagement-
systeme in Betracht gezogen worden waren, haben die gemachten
Erfahrungen einige bedeutende Einsichten gebracht. Das Projekt hat
außerdem gezeigt, daß einigen Problemkreisen der Datenbanktechnologie eine zu große Aufmerksamkeit geschenkt wurde, während andere
wichtigere Themen vernachlässigt wurden.

Planungsüberlegungen

Es gibt ein großes Meinungsspektrum in der Literatur, das sich mit
den Einsatzmöglichkeiten von Datenbanken, hierarchischen Strukturen
und Netzwerken beschäftigt. Vieles davon dient hauptsächlich theo-
retischen Erörterungen; in der Praxis haben diese Themen wenig
Bedeutung. Dort kommen andere, wichtigere Fragestellungen zum Tragen.

Der Vergleich mehrerer DBMS ist beispielsweise ein Thema, dem
zuviel Aufmerksamkeit gewidmet worden ist. Die Anwendungen des
vorgeschlagenen DBMS und die Arbeitsumgebung, in die es integriert
werden muß, stellen zwei Punkte dar, denen viel mehr Beachtung
gebührt, wenn es um die Auswahl des DBMS geht. Die Diskussion der
Vorteile von TOTAL, IMS/VS, SYSTEM 2000 und IDMS, ohne eine klare
Vorstellung zu haben, welche Anwendung darauf gefahren werden soll,
ist ungefähr so anzusehen, als wolle man die relativen athle-
tischen Fähigkeiten verschiedener bekannter Sportler vergleichen;
alle haben ihre Anerkennung erworben und verdient, aber die Sport-
art, in welcher sie ihre Erfolge erzielten, stellt einen wichtigen
Beurteilungsfaktor dar.

Personalpolitik und Ausbildung

Nachdem das IMS/VS als passendes DBMS ausgewählt wurde, war es das
erste Bemühen, einen geeigneten Personalstab aufzustellen. Fähige
Mitarbeiter aus mindestens drei Bereichen sind hierzu erforderlich:
Systemsoftwaretechniker, Datei- und Datenbankgestalter und Anwen-

dungsprogrammierer. Die letzteren benötigten, wie sich herausstell-
te, weniger zusätzliche Ausbildung als ursprünglich angenommen
wurde und waren binnen weniger Monate voll einsatzfähig.

Insgesamt reichten vier Kurse aus. Diese Kurse boten das nötige
Fachwissen, wie DL/1-Programme (in COBOL, PL/1 oder Assembler) zu
erstellen waren (DL/1 erlaubt die Übertragung von Datenelementen
zwischen Speichereinheiten und Anwendungsprogrammen) und sorgten
für die entsprechenden MFS-Kenntnisse (MFS = Message Format Ser-
vice, dient als Schnittstelle zwischen einem Anwendungsprogramm und
den Ein-/Ausgaben am Terminal).

Skizzenhafte Arbeitsplatzbeschreibungen sind ursprünglich entworfen
worden, weil die Personalabteilung dies verlangt hatte, um beispielsweise Gehälter festlegen zu können. Die Beschreibungen der
Anwendungsprogrammierer wurden am wenigsten beeinflußt - einzige
Modifikation war die Ausweitung der Anforderungen auf DL/1- und
MFS-Erfahrung. Andere Stellenbeschreibungen mußten hingegen völlig
neu abgefaßt werden. So umfaßt etwa die Aufgabe der Datenbankverwalter unter anderem folgende Punkte:

o DL/1 und MFS;
o Datei- und Datenbankgestaltung;
o DBD (Datenbankdefinition);
o PSB (Program Specification Block);
o DD/D (Data Dictionary/Directory);
o BTS (Batch Terminal Simulator);
o Datenbankreorganisation.

Die Datenbankverwalter und die Systemsoftwaretechniker haben unter-
stützende Aufgaben. Dabei treten die Datenbankverwalter primär in
den Gestaltungs- und Entwicklungsphasen auf; die Bedeutung dieser
Aufgaben nimmt aber mit dem Näherrücken der Implementierungsphase
immer mehr ab. Die Aufgabe des Systemsoftwaretechnikers ist während
der Entwicklungsphase gering; während der Implementierungsphase
steigt die Bedeutung dieser Mitarbeiter. Zu beachten ist, daß
Mitarbeiter beider Gruppen diversen Projektteams angehörten.

Standards

Weil verstärkte Kooperation zwischen den beiden Gruppen erforderlich war, wurde eine Reihe von internen Datenbank- und Data Dictio-
nary-Standards formuliert. Etwa ein Jahr nach der IMS/VS-Implemen-
tierung war es möglich, ein internes Handbuch dieser Standards
herauszugeben. Das Handbuch wurde regelmäßig neuen Situationen
angepaßt. Folgende Aspekte sind beispielsweise in diesem Handbuch
beschrieben:

o Namenskonventionen – Vollständiger Katalog der Regeln für Namens-
  vergaben bei IMS-Anwendungen, z.B. auch Vorgaben für die Konstruktion von PL/1-Namen in IMS-Anwendungen;

o DL/1-Programmierrichtlinien – Richtlinien zur Standardisierung
  von DL/1-Programmen;

o PL/1-Programmierrichtlinien – Verbindliche Codierungsrichtlinien
  für alle PL/1-Anwendungen;

o MFS-Standards/-Richtlinien – Standards und Richtlinien für die
  Ausgabe von Daten auf Peripheriegeräten;

o Organisation der Bibliotheken – Liste aller Test- und Produk-
  tionsbibliotheken, die für IMS-Anwendungen zu benutzen sind;

o IMS-Systemkommandos – Beschreibung aller zugelassenen IMS-Systemkommandos;

o DLIERROR – Beschreibung von IMS-Statuscodes;

o DD/DS-Standards – Regeln für die Definition von Daten im DD/D
  (alle zu definierenden, IMS-bezogenen Informationen müssen in das
  DD/D eingetragen werden);

o IMS-Restart/-Recovery – Regeln für die Benutzung der IMS-Backup-
  und -Recovery-Systeme;

o ABEND-Codes – Beschreibung der Statuscodes, die auf die Art eines
  Programmabbruchs bei der IMS-Benutzung hinweisen.

Die Installation

Die Datenbankverwalter und Systemprogrammierer mußten sich mit
weiteren Gegebenheiten zurechtfinden, die sich mit dem Übergang zum
DBMS ergaben. Diese Situationen, welche im folgenden kurz erwähnt
werden sollen, betrafen die Installation des IMS/VS und verwandter
Produkte.

Der Einsatz eines DBMS erfordert mindestens zwei Installationen:
die erste Installation wird für Testzwecke und Entwicklungsarbeiten
benötigt, die andere für die Produktion. Diesem Aspekt mußte beispielsweise bei der Hardware-/Softwareplanung Rechnung getragen
werden.

Schnittstellen zu zahlreichen anderen Systemen mußten geschaffen
werden, z.B. zum VSAM und VTAM. IMS/VS benutzt ebenfalls Möglichkeiten des Betriebssystems MVS. Kenntnisse über diese Systeme mußten sowohl bei den Datenbankverwaltern, als auch bei den System-
programmierern vorhanden sein.

Weitere Produkte, wie DD/D oder BTS, mußten von diesen Gruppen betreut werden, so z.B. auch

o ein Berichtsgenerator;
o IMSMAP (ermöglicht die graphische Aufbereitung logischer Datenbankschemata);
o DB—PROTOTYPE (unterstützt den Test alternativer Datenbankstrukturen);
o MTO (Master Terminal Operator).

Bei einigen Aspekten von IMS/VS ist die zeitliche Abstimmung von Bedeutung. Obwohl diese Aspekte eigentlich klar sein dürften, werden sie doch allzuleicht von optimistischen Anwendungsprogrammierern übersehen. Recovery-Vorgänge können zum Beispiel kompliziert und langwierig sein. Der längste Systemausfall ereignete sich während eines drei Tage dauernden Recovery-Vorgangs. Obwohl das System anzeigte, daß wahrscheinlich ein Fehler aufgetreten war, wurde ein voller Tag lang Online weitergearbeitet. Bei der Überprüfung am Ende des Tages zeigte sich, daß eine der Hauptdatenbanken beschädigt worden war. Mehrere Stunden wurden für die Recovery-Planung und für die Ausführung des Recovery verbraucht und weitere Stunden für die Überprüfung der Ergebnisse. Sicher stellt dies einen Ausnahmefall dar; Recovery-Vorgänge dauern zumeist nur Minuten, längstens einige Stunden.

Die Reorganisation einer großen Datenbank beansprucht oft mehrere Stunden. Theoretisch sollte die Reorganisation einer Datenbank nur selten vorkommen, wenn die Datenbank "vernünftig" gestaltet war. In der Praxis ändern sich die Parameter dagegen häufig; Benutzer haben ständig neue Vorstellungen und die fertigen Datenbanken sind auf einmal nicht mehr angemessen. Also muß die Reorganisation rechtzeitig eingeplant werden. Bei Anwendungen, die den größten Teil eines Tages für die Verarbeitung benötigen, muß die Reorganisation am Wochenende eingeplant werden.

Datenbanken müssen periodisch gesichert werden. Eine dynamische Datenbank (d.h. eine Datenbank, deren Datenbestand ständig wächst) muß täglich gesichert werden. Dies ist zwar zeitintensiv, dennoch muß es als tägliche Routine eingeplant werden. Längere Intervalle zwischen den Sicherungen spart zwar ein wenig Zeit am Tag, aber wenn ein Recovery notwendig wird, kann dies unverhältnismäßig lange dauern und sich als weitaus komplexer erweisen.

ZUSAMMENFASSUNG

IMS/VS ist ein komplexes System, besonders wenn es in einer Systemumgebung mit mehreren Rechnern und vielen Benutzern ausgelegt ist. Implementierungszeit und Schulungsaufwand überschreiten oft die ursprünglichen Erwartungen.

Einige Erfahrungen können jedoch aus der Beschreibung dieser IMS/VS-Implementierung gewonnen werden. So hat sich beispielsweise gezeigt, daß die erzielte Datenunabhängigkeit zu einer höheren Produktivität in der Anwendungsprogrammierung beigetragen hat und auch die Komplexität der Wartung, sowohl der Programme als auch der Datenbanken, gesenkt hat.

Sachwortverzeichnis

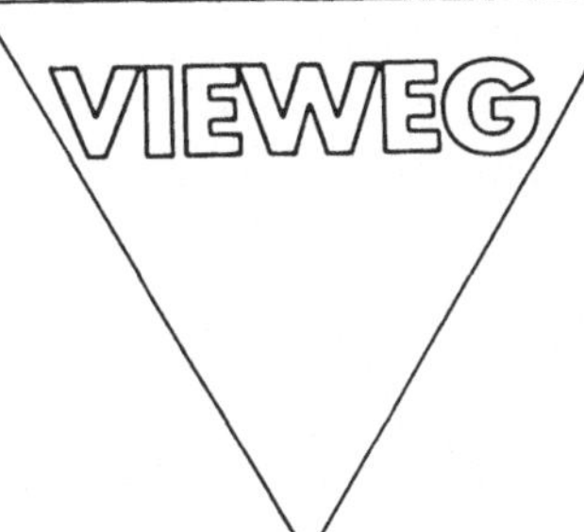

Harald Schumny (Hrsg.)

LAN Lokale PC-Netzwerke

Grundlagen, Anwendungen, Problemlösungen, Fakten, Datentabellen. 1987. X, 253 S. m. 86 Abb., Figuren und Tabellen. 16,2 x 22,9 cm. Kart.
Inhalt: Grundlagen der Datenkommunikation – Local Area Networks (LANs) – Lokale Netzwerke für PCs – Der Token-Ring – Die MAP-Konzeption – MAP – Schlagwort oder Zukunftstrend? – Netzwerk-Managements-Aspekte in PC-Netzen – Organisatorische Grundlagen der dezentralen Datenverarbeitung mit Mikrocomputern – Führungsinformationen im PC-Großrechner-Verbund – Integration Mikroelektronik – Induzierte Technologien in Verwaltung und Produktion – Vernetzte PCs an der Universität – Planung und Realisierung eines PC-Netzwerkes für die Materialwirtschaft – Vom unvernetzten PC zu einem geschlossenen System mit Serverfunktionen – PC-Vernetzung: Probleme und Lösungen – Mikro-Mainframelink – Drucker und Personalcomputer – Sachwortverzeichnis.
Lokale Netze, PC-Netze sind mit die aktuellsten Themen, die zur Zeit auf dem Computersektor diskutiert werden. Durch die zunehmende Bedeutug der Datenfernübertragung wird die Anbindung der PCs z. B. an die Großrechner immer wichtiger. Die Diskussionsbeiträge in diesem Buch liefern die wichtigsten Hintergrundinformationen. An in der Praxis installierten Lösungen kann nachvollzogen werden, welche Probleme bei Netzwerkinstallationen auftreten und wie sie gelöst werden.

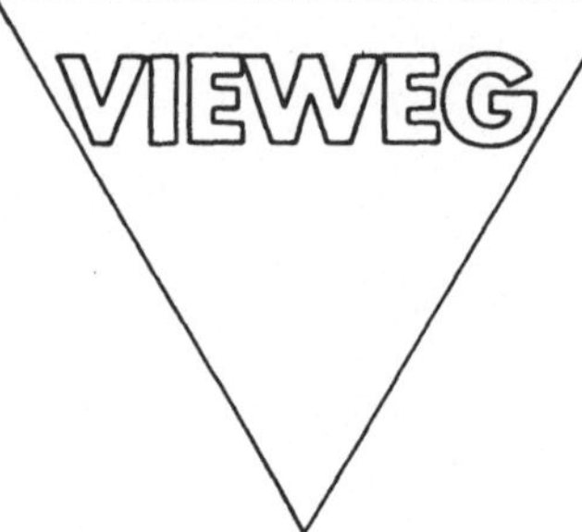

Van Wolverton

MS-DOS

Das optimale Benutzerhandbuch von Microsoft für das Standardbetriebssystem des IBM PC und mehr als 50 anderen Personal-Computern. (Running MS-DOS, dt.) Aus dem Amerik. von Gerald Pommranz. Ein Microsoft Press/Vieweg-Buch. 2., überarb. und erw. Aufl. 1987. Für alle MS-DOS-Versionen bis 3.1. XXII, 408 S. 18,5 x 23,5 cm. Kart.
Nunmehr liegt die 2., überarbeitete und erweiterte Auflage des erfolgreichen Benutzerhand-buches zum Betriebssystem MS-DOS von Microsoft Press vor. Die 1. Auflage dieses Buches wurde äußerst positiv bewertet. Mit der 2. Auflage in überarbeiteter Form wird dieser Erfolg fort-gesetzt. Es sind die Befehle und Erweiterungen der Version 3.1 von MS-DOS neu eingearbeitet worden. Dabei wurde der Charakter und die didaktische Linie des Buches beibehalten.

Van Wolverten

MS-DOS Aufbaukurs

Das Microsoft-Handbuch zum professionellen Programmieren unter DOS für den fortgeschritte-nen Anwender (Supercharging MS-DOS, dt.) Aus dem Amerik. übers. von Gerald Pommranz. Ein Microsoft Press/Vieweg-Buch. 1987. Ca. 330 S. 18,5 x 23,5 cm. Kart.
Inhalt: Bildschirmaufbau und -design – Menüs – Hilfe-Funktionen – Dateimanipulation unter MS-DOS – Aufbau eines menügesteuerten Anwendersystems – Batch-Dateien – Tools und Utilities zum effektiven Umgang.
Nach den beiden Erfolgsbüchern zu MS-DOS (MS-DOS, MS-DOS griffbereit) hat Wolverton nun ein Buch geschrieben, das dem fortgeschritten DOS-Benutzer eine umfangreiche Tool-Biblio-thek mit Routinen liefert, die zu einer optimalen Anwendungsumgebung zusammengefügt werden können. Die Programme sind unverzichtbare Hilfsmittel für eine effiziente Arbeit unter MS-DOS. 'MS-DOS Aufbaukurs' ist die Fortsetzung zum 'MS-DOS'-Buch.

Van Wolverton

MS-DOS griffbereit

(Quick Reference Guide to MS-DOS Commands, dt.) Aus dem Amerik. übers. von Andreas Dripke und Angelika Schätzel. Ein Microsoft Press/Vieweg-Buch. 1987. IV, 44 S. 10,7 x 27,8 cm. Kart.
Für alle Versionen 2.0 bis 3.2 des Betriebssystems MS-DOS wird ein alphabetisches Nachschlagewerk in Kurzform vorgelegt. Jeder Eintrag umfaßt die vollständige Form des Befehls, eine Beschreibung mit Erläuterungen zu den Parameterangaben und schließt mit einer Beispiel-anwendung ab. Diese jederzeit griffbereite Kurzübersicht über alle wichtigen MS-DOS Befehle ist ein unverzichtbarer Begleiter für jeden PC-Benutzer.

AUERBACH - Managementwissen der Datenverarbeitung

herausgegeben von James Hannan

Band 1 Ein praktischer Führer für das Management in der Datenverarbeitung
Die Herausforderung an den DV-Manager der 80er Jahre ist es, technisches Fachwissen mit allgemeinen Führungsqualitäten zu kombinieren, um sich auf der höheren Führungsebene seines Unternehmens genau so sicher zu fühlen wie im Rechenzentrum. Dieser Band bietet praktische Richtlinien, um dem DV-Manager zu helfen, sich dieser Herausforderung zu stellen.

Band 2 Ein praktischer Führer für das Management der Computerprogrammierung
Das Erstellen von Computerprogrammen umfaßt sowohl den Umgang mit Personal als auch mit Technologie. Dieser Band beschreibt Methoden für das produktive Anleiten von Personal in bezug auf die Programmierung.

Band 3 Ein praktischer Führer für das Management der Datenkommunikation
Die zunehmende Bedeutung der Datenkommunikation in der Wirtschaft und Verwaltung bringt weitere Herausforderungen für Fachleute der Datenübertragung zwischen Computersystemen im Nahbereich (LAN) und über größere Entfernungen (Datenfernubertragung) mit sich Dieser Band enthält Hinweise, wie man auf diese Herausforderung angemessen reagieren sollte

Band 4 Ein praktischer Führer für das Datenbank-Management
Die Vorteile eines Datenbanksystems umfassen minimale Datenredundanz, schnellere Verarbeitungszeiten, verringerte Hauptspeicherkapazität, Programmunabhängigkeit und eine zentrale Kontrolle der Daten. Dieser Band beschreibt Verfahren, wie man diese Vorteile erreichen kann.

Band 5 Ein praktischer Führer für das Management der Systementwicklung
Die Entwicklung kosteneffektiver Lösungen für Wirtschaftliche Probleme erfordert Fähigkeiten in kaufmännischen und technischen Disziplinen. Dieser Band erörtert Möglichkeiten für eine effektive Systementwicklung und beschreibt, wie man DV-Systeme für allgemeine wirtschaftliche Probleme nutzen kann.

Band 6 Ein praktischer Führer für das Rechenzentrumsmanagement
Dieser Band zeigt Managern eines Rechenzentrums, wie sie eine effektive Kontrolle ihres Funktionsbereichs erlangen können.

Band 7 Ein praktischer Führer zur Revision in der Datenverarbeitung
Um ein Computerinformationssystem überwachen und kontrollieren zu können, müssen Revisoren in der Datenverarbeitung sowohl mit Prüfungsmethoden als auch mit der DV-Technologie vertraut sein. Dieser Band faßt Informationen zusammen, die DV-Revisoren in beiden Bereichen benötigen.

Band 8 Ein praktischer Führer für das Management der dezentralen Datenverarbeitung
Das Aufkommen der kostengünstigen Mini- und Mikrocomputer und die Entwicklung leistungsfähiger und anwendungsfreundlicher Software haben Anwender aus vielen Unternehmen dazu veranlaßt, ihre eigenen Systeme zu installieren, was zu Inkompatibilität und einem Verlust der Kontrolle der zentralen DV-Abteilung führt. Dieser Band beschreibt Methoden für die Einführung dezentraler DV-Systeme, die die Anforderungen der Anwender erfüllen und den „PC-Wildwuchs" eindämmt.

ISBN 978-3-528-08577-3